殷伟◎著

福

中国传统的

福文化

海峡出版发行集团

福建人民出版社

图书在版编目（CIP）数据

福：中国传统的福文化/殷伟著. —福州：福建人民
出版社，2014.6（2023.10 重印）

ISBN 978-7-211-06846-3

Ⅰ.①福…　Ⅱ.①殷…　Ⅲ.①中华文化—通俗读物
Ⅳ.①K203—49

中国版本图书馆 CIP 数据核字（2013）第 280700 号

福：中国传统的福文化

FU ZHONGGUO CHUANTONG DE FU WENHUA

作　　者：殷　伟
责任编辑：陈　宽
出版发行：福建人民出版社　　　　　　　　电　　话：0591-87533169（发行部）
网　　址：http://www.fjpph.com　　　　　电子邮箱：fjpph7211@126.com
地　　址：福州市东水路 76 号　　　　　　邮政编码：350001
经　　销：福建新华发行（集团）有限责任公司
印　　刷：福建新华联合印务集团有限公司
地　　址：福州市晋安区福兴大道 42 号　　电　　话：0591-88208420
开　　本：787 毫米×1092 毫米　　1/16
印　　张：20.25
字　　数：278 千字
版　　次：2014 年 6 月第 1 版　　　　　　2023 年 10 月第 4 次印刷
书　　号：ISBN 978-7-211-06846-3
定　　价：58.00 元

序

福——中国人的一种生存状态

中华文化源远流长，在文化的演化过程中，不同地域、不同民族产生了不同的民俗信仰。在这些民俗信仰中，"福"信仰尤为突出。中华民族是一个崇尚福、追求福的民族，自古中国人就有祈福盼福、崇福尚福的习俗，对福有高度的心理认同感。自从有中国文字以来，就有了"福"的象形文字，"福"字深深影响着每个中国人的人生观和价值观，这应是文化研究的重要对象，也是中华文化大发展大繁荣的肥沃土壤，文化强国的丰厚资源。

福，自古以来就是中国人祝吉道福的绝妙佳字，也是中国人共同追求的人生目标之一，成为中华民族亘古不变的祈福迎祥主题。中华民族的历史何尝不是人们孜孜求福的历史？

福的含义十分广泛，包含了世俗生活中一切美好的愿望与目标，在不同的时代、不同的人群中有着不同的诠释。古人曾根据所处时代的风尚，将福的重要内容概括为五个方面，称"五福"。在不同时代，"五福"所指又略有不同，《尚书·洪范》说："一曰寿，二曰富，三曰康宁，四曰攸好德，五曰考终命。"《韩非子》说："全寿富贵之谓福。"汉代桓谭《新论》则概括为"寿、富、贵、安乐、子孙众多"，说的是五种世俗观念和人生理想，后世民间又有"福、禄、寿、喜、财"的说法。中国传统的观点认为，人生所求无非五愿：一愿福如东海、二愿官高位尊，三愿寿比南山，四愿喜事连连，五愿财源广进，这就是世人常说的"五福"。老百姓对"五福"的追求，更多的是一种期盼。"五福"是中国人生活的主要内容，也是中国人的人生之梦，成为人生幸福的总称，这些就成为人们崇福求福的心理依据。

几千年来，福在中国被演绎成了一种根深蒂固的文化传统，中国人把一切美好的东西统统归结为福。福文化早就已经融入中国人的血液里，积淀在老百姓的骨髓中，人们通过不同形式希望自己追求福的心理得到满足，于是在人们日常生活中，出现了大量与福相关的俗语：人长得富态叫"福相"，好地方称"福地"，好消息叫"福音"，看到好景妙物叫有"眼福"，吃到山珍海味叫有"口福"，交上桃花运被称为"艳福"，富贵积善之家称为"福门"，人有好运称"福气"，遇事逢凶化吉叫"福将"，仰赖别人的福庇称"托福"。可见福不是抽象的概念，而是经常表现在享受实惠和好处的具体实物上，是实实在在存在于老百姓的日常生活里，具有深厚的根基。一个涵盖了亿万老百姓的向往和理想的"福"字，一个大街小巷随处可见、悬挂张贴千家万户的"福"字，就可以告诉你一切。

每一个人都希望幸福，也都有追求美好生活的梦想，但个人幸福是与国家梦想紧密相连的。习近平总书记在阐释"中国梦"理念时说，人民对美好生活的向往，就是我们的奋斗目标，中国梦归根到底是人民的梦，幸福不会从天而降，梦想不会自动成真，人世间的一切幸福都是要靠辛勤的劳动来创造。实现我们的奋斗目标，开创我们的美好未来，必须紧紧依靠人民来实现，必须始终为了人民，不断为人民造福。我们要实现的中国梦，不仅造福中国人民，而且造福各国人民。习近平主席在2022年新年贺词中强调："世界各国风雨同舟、团结合作，才能书写构建人类命运共同体的新篇章。"只要国际社会形成共识，把幸福作为人类命运共同体的共同价值追求，各国携手共同为世界人民造福，世界就真正有大福。

幸福是生命的一种存在方式、一种生活状态，幸福来自谋福造福，因此，执政者最重要的是为人民谋福祉，造福百姓。经济发展是基础，

福——中国传统的福文化

序

获得幸福感是目标，当"幸福感"成为中国社会的衡量指标，就会推动可持续发展的良性循环；当"幸福感"成为中国人生活的终极关怀，就会创造真正的幸福中国。人与自然、经济与社会、人与人、地区与地区、物质生活与精神生活的和谐，是衡量现在中国人幸福的综合指标，缺一不可的。"幸福是什么？""如何才能幸福？"如今有了一个答案：幸福，是老百姓对美好生活的向往；中国梦，是每个人幸福生活的依托。正是在这种大背景下，大力弘扬福文化，意义就显得格外重大。

福是一种主观的感受，每个人都有感受福的能力，人们通过自己的思辨，可从不同的侧面说出对福的理解。民间关于"福"的理解有："要享福，常知足"，有这种胸襟的人就会生活得有滋有味，享尽人间千万福。再如，有工夫读书，谓之福；有力接济人，谓之福；有著述传世，谓之福；有聪明敦厚资质，谓之福；无是非纠纷，谓之福；无疾病缠身，谓之福；无烦恼忧虑，谓之福；妻贤子孝，谓之福；子孙满堂，谓之福；长寿健康，谓之福。这都是在告诉人们千万不要身在福中不知福。民间福文化俗语也说：天有不测风云，人有旦夕祸福；亏人是祸，饶人是福；吃亏是福，量大福大，心宽屋宽；只有享不了的福，没有受不了的罪，有福之人不用忙，无福之人跑断肠。这是告诫人们如何体味福，如何享福惜福。假如人人能够如此，社会能不和谐幸福吗？这些都是先人经验与智慧的结晶，其中多有劝善补过以求福祉的功能，在民间多奉为行为的准则，长辈常以此来教育晚辈，从中也能感知福文化博大精深的意蕴，这种福文化对人的熏陶是一种潜移默化的过程，几乎无处不在。

在党和政府致力实现中国梦造福人民的今天，要大力弘扬传统的福文化，让福文化在新的文化土壤中长成参天大树，让老百姓知福惜福，进而人人参与造福，建设幸福中国。2014年福建人民出版社就推出了《福——中国传统的福文化》，本书的宗旨在于弘扬传承福文化，传播福文化经典内容，向世人展示福文化精髓，以福文化为核心理念，深度挖掘福文化内涵，在图文并茂的载体之中，形象化演绎中国福文化，突出福文化主题，展现福文化各方面元素，集中突出展示福文化的吉祥寓意和精髓内涵，满足不同层次读者的多方面、多层次的审美需求和祈福

福——中国传统的福文化

序

的渴求，营造浓厚的福文化氛围，让人感受到福文化的无穷魅力，一饱眼福。本书出版后反响良好，屡次重印。

2022年新春伊始，福建省委提出，在虎年春节期间营造新一轮弘扬福文化热潮，通过举办一系列展演展播和展览展示活动，推出福文化资源转化利用，打响福建福文化品牌，助力文化强省建设。

从某种意义上来说，福建堪称中国福文化荟萃集成之地，福建不仅仅在许多方面与"福"关联密切，更重要的是福建人把一切美好的东西统统归结为"福"，这个"福"在中华文明历史长河中传承积淀，已经成为福建人集体意识和共同情感中最核心的认同，又是最执着的守望，人们都在以各种方式信仰福、祈福、接福、纳福……八闽大地涵养着丰富多彩的福文化，孕育了令人瞩目的福文化人文遗产，这些都是福文化研究的重要对象，也是福建福文化发展的肥沃土壤，还是当今文化强省建设的丰厚资源。

福建大力推广福文化，不仅仅起到建设文化强省的作用，还可以将福文化辐射到世界各地。在异国他乡，许多华人逢年过节都会举办各类祈福活动，也充分体现了福文化的强大感召力及海外华人的归属感和认同感，福文化也逐步被世界人民所接受。福建各地都有极为深厚的福文化底蕴，本次修订，增补了福建源远流长、博大精深的福文化内容，在现有的材料基础上，比较系统地勾勒出福建福文化的特色，体现福建福文化特有的吉祥气息和文化韵味，勾画出一幅相对完整的福建福文化图像。相信读者在阅读时，会对中国传统的福文化有更深刻的了解和更赏心悦目的美感体验。

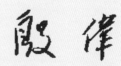

福——中国传统的福文化

序

目 录

福——中国传统的福文化

目录

1

福——中国传统的福文化

目录

福——中国传统的福文化

目录

3

福——中国传统的福文化

目录

第一章

福义溯源

"福"字是一个表性质的会意字，即对一个抽象的观念给予形象的表达。形容人事命运好的抽象概念就叫"福"。古人对"福"这种抽象化的概念，选择了"㣟"和"畐"组合会意的造字方法，初文为"畐"，是双手捧举容器以敬奉苍天，祈祷苍天赐予好运气，这个字就是得到了苍天赐予的意思，这就是"福"。

这个字，后来又衍变为"福"。东汉文字学家许慎在《说文解字》中说，"福"是形声字："从示，畐声"。"福"字从示，是与祈祷有关。"示"本为原始初民的祭台，设供祭祀以求鬼神佑助，是对崇拜物奉献的宗教仪式，于是祭台成了非常神圣的标志。在造字之初，先民们把祭台称作"示"，而"示"字的象形是一个祭台的形象。如"祀"字就表示一个人跪在祭台前面。

"福"字的甲骨文是合体会意字，左边是祭祀祖先或神灵的供桌的形状，横线条表示石板的桌面，竖线条表示支撑桌面的石头底座，写成现代汉字就是"示"，一说像祭祀祖先或神灵的神主

◎ "福"字是古代祭祀的形象写照。

形象；右边是"酉"字下面有两只手的形状，表示一个人双手捧着装满酒的酒坛在奉献，整个字形合起来是双手捧着酒樽向神灵进奉祭酒，以求降福保佑的意思。显然"福"与祭祀有关，古人把祭神时人与神沟通的感受称为"福"，或许是在抒发酒后陶醉的感受。

甲骨文"福"字右边双手所捧的容器叫"酉"，像一个酒坛子的形状，是用来装酒的容器，其字形和实物非常相像，本义是酒坛，也是"酒"的本字。后来成为表示和酿造有关的字的意符，也是地支的第十序列的符号。许慎的《说文解字》说："酉，就也。八月黍成，可为酎酒，象古文酉之形。"颇富想象力地由新收割的八月成熟的黍，联想到用黍酿造的美酒。故而，人们多把"酉"称作盛酒的容器，如饮酒用的酒器"尊"。《仪礼》上提到"大酉"一职，就是专职酿酒的官员。

既然甲骨文中的"福"字是双手捧着一尊酒具的形状，是向神灵或祖先奉献的意思，那么"福"与"酒"从造字之初就有密不可分的关系，"福"字原本也是祭祀的名称，就像"祭"，不过"祭"是手持肉，而"福"是双手尊奉酒樽。在古代，酒是祭祀中必不可少的重要祭品，在先民的信仰中，神灵是像人但又超出人的神物，所以，这些神灵与人一样，是要食人间烟火的，只有奉上佳酿，让其酒足饭饱，祭祀的人才能得到神灵的降福。《诗经·小雅·楚茨》"神嗜饮食"一语道破了神灵的"人性"。

《诗经·大雅·旱麓》描写的是周文王以酒祭祖得福，诗说"清酒既载，骍牡既备。以享以祀，以介景福。"意思是清醇甜酒已经满斝，红色公牛备作牺牲，用它上供祭祀，求取大的福分。这里说的是"祭祖受福"的主题。"清酒既载"是祭祀时的"缩酒"仪式，就是斟酒在圭瓒，铺白茅在祖先神位前，浇酒在茅上，酒渗入茅中，如同祖先神灵饮之，既用清酒又用红色的公牛来祭祀祖先，祖先神灵饮了酒，享用了公牛，自然会赐下大福。

《诗经·小雅·楚茨》描写周王率王室子孙祭祀祖先求福：由于

粮食大丰收，因而用粮食做成美酒佳肴，作为对列祖列宗的献祭，请他们前来享用祭品并降下洪福。诗中连续出现了四个"福"字和三个"寿"字："以妥以侑，以介景福""报以介福，万寿无疆""报以介福，万寿攸酢""卜而百福，如几如式""神嗜饮食，使君寿考"，很明显，这种祭祀充满了强烈的现实功利性。在古代，祭祀是很重大的事情，"国之大事，唯戎与祀"。当然，酒祭只是祭祀的方式之一，不是全部，祭祀就是礼拜祖先，而后让祖先降福。

通俗地说，福的本义是祭祀时的供品。《国语·晋语二》韦昭注："福，胙肉也。"这种称为"福"的祭祀供品酒肉也称为"福物"或"福食"。俗信，用于祭祀的供品是吉祥物，得到供品的人是幸运的，故而，分食供品，既有血缘的"缘分"的意思，也是享受"福分"的象征。

◎ 元代赵孟頫《临李嵩春社醉归图》

◎ 社日聚会分享福物，大碗喝酒，大块吃肉

　　中国古代人们春秋两季都要祭祀土地神，分别称作春社和秋社。唐人王驾的《社日》说："鹅湖山下稻粱肥，豚栅鸡栖对掩扉。桑柘影斜春社散，家家扶得醉人归。"春社的欢宴一直到桑树柘树的影子越来越长才渐渐散去，喝得醉醺醺的人在家人的搀扶下高高兴兴地回家。社日这一天，乡邻们聚在土地庙集会，各自出资准备酒肉共祭土神。祭祀完毕，人们又在一起欢饮会餐，分享祭品，这种分享福物的习俗一直存于民间。旧时各种祭祀神灵活动中，都有福物往返分享的习俗，祭祀之后，人们抢食供果，叫作"抢福"；将祭祀用的猪羊分割给众人，称作"散福""分福"。漳州、台湾民间就有"做福"的习俗，《漳州府志》记载，乡间习俗，老百姓仿效春社的做法，大家集资宰猪羊祭祀神祇。祭祀完毕，一起在庙里会餐，然后将祭神的肉分给众人带回家。人们认为，神灵享用后的供品最为吉祥，沾上了神灵的福气，谁吃了谁就有福。各种祭祀后，人们都要在一起大吃大喝一顿，大碗喝酒，大块吃肉，直至大醉方休，并称这是"享福"，其核心内容就是"福物"中所代表的种种"福"的含义。

二、福与富同源

福与富均起源于同一个字，其初文为""，后来这个字又分为"福"和"富"两个字，一个是表示具有好的命运的"福"，另一个是表示具有丰厚财物的"富"。

在甲骨文中尚未发现"富"字，金文"富"是"∩"（宀，房屋）和"酉"（酉，酒坛）结构的会意字，意思是屋子里放着一坛酒，本义为家有余粮酿酒，家境就必定富裕。在上古社会里，粮食匮乏，酒品稀有，能够解决温饱就已很不错了，如果是有房子住，还有酒喝的家庭，当然算是富人之家了，那个时代家中有酒就是生活宽裕的标志。这个"富"就给后人留下了无限遐想，对"福"字的含义就出现了多种望文生义的解释，例如它与"田"的关系。

对"福"的词义，古人释义多作"富"。汉代刘熙《释名》说："福，富也。"《礼记·郊特牲》也说："富也者，福也。"可见"福"与"富"互解。清康熙款粉红地珐琅彩缠枝花纹"福"字碗，壁施粉红地，绘缠枝牡丹纹，花蕊为"福"字，这个"福"字极有特色，中间是个"示"字，左右各为"畐"字，这就构成了一左一右两个"福"字，而且互为倒写，既表示富贵福到，又隐含了福上加福的美意。这个"福"字同时还是两个"富"字。

◎ 清康熙款粉红地珐琅彩缠枝花纹"福"字碗

◎ 福与富组成的百福图

福——中国传统的福文化

第一章 福义溯源

成语"福国利民"意思是为国家造福，为人民谋利，林则徐在给妻子郑氏的信书中说："盖以身许国，但求福国利民，与民除害。""福国利民"又作"富国安民"，《后汉书·许杨传》说："明府今立废业，富国安民，诚愿以死效力。"传统吉祥图《百福图》就是以古字体写出各样"福"与"富"字一百个，《百福图》中"福"即"富"。世俗把富解释为财富，汲汲求财与余裕的生活，又"福"与"富"相通，所以追求富贵为世俗的原始愿望。

山东曲阜孔府大门上有一楹联："与国咸休安富尊荣公府第，同天并老文章道德圣人家。"这副楹联大气磅礴，文佳字美，高度评价了孔子，认为他的文章道德同天并老，其后人世代尊贵，永享福禄。楹联是清代大文豪纪晓岚题写的，"富"字少一点，寓意为"富贵无头"，"章"字多了一笔，寓意为"文章通天"。浙江衢州孔氏南宗家庙大门也是这副楹联。传说孔子第四十二代孙孔光嗣娶亲之日，有神仙前来指点，说碰到写着"富"字的影壁，就把"富"字去了点，并告诉孔家"富"字有点不吉利。此后，孔府凡写"富"字都无点，写成了"冨"，是说富贵不可封顶，好像是今天说"奖金不封顶"一样。这只是孔子后裔的良好愿望罢了，如果依我来解释："富"字少了一点，岂不缺了点富贵？

◎二十种古体福与富

有趣的是，"福"与"富"都有"畐"的结构，有人便释义说，"福"与"富"都有一口田，一个人有田就不愁吃、不愁穿，自然富裕，也自然有福了，所谓"一口田，衣禄全"，这是一种福分。但这并不是"福"与"富"的本义，而是后人根据字形所做的猜想。明人郎瑛《七修类稿》卷三十九"诗文类"对"富"字的原意进行考证，认为这种解释纯粹是望文生义。

三、福与祸的关系

在汉语中，"福"与"祸"相对，"福"表示有好的命运，"祸"则形容命运不祥，是触怒神灵将会得到的报应，在古人心中，这祸

◎ 明代张路《老子骑牛图》

不是天灾而是人祸，是违背祖先神灵的旨意所造成的灾难，是祖先神灵不保佑的结果。

古人认为，以丰洁的祭物、虔诚的心意祭祀祖先神灵，祖先神灵就会保佑，降福于人，相反则会因触犯神灵而受到惩罚，祸降于身。什么是"福"？《荀子·劝学》说："福莫长于无祸。"也就是说无祸就是大福。尽管"福"与"祸"相对，但"福"与"祸"互为因果，互为转化，即好运可以变成坏运，坏运也可以变成好运。《老子》第五十八章中就道出了这一点："祸兮福之所倚，福兮祸之所伏。"老子此语一出，成了千古名言，世人大多明晓这"祸福倚伏"的道理。《老子》又说："知足者富。""祸莫大于不知足。"对于一个人来说，最大的祸害就是不知足。

如何避祸趋福？汉代刘向《说苑·说丛》说："祸生于欲得，福生于自禁。"意思是：祸是从贪欲中来，福是从自我节制中来。《汉书·枚乘传》中记载，枚乘上书皇帝说："福生有基，祸生有胎；纳其基，绝其胎，祸自何来？"说只要断绝祸根，自然无从有祸，无祸就是有福。故而，古人有言："福不可邀，养喜神以为召福之本而已；祸不可避，

◎ 纯银实心双刃一福压百祸
"福"字斧头吊坠

◎ 任伯年印章印文
"祸福无门"

去杀机以为过祸之方而已。"清代石成金对此更自有心得："寻到祸福源头，自得避趋之法。"

古人还认为祸福没有定数，都是人们自己的行为造成的，《左传·襄公二十三年》说："祸福无门，唯人所召。"这是闵子马劝说公弥时所说的名言，只要人们谨慎行事，是完全可以避祸趋福的，是祸是福，取决于当事人本身。明代袁了凡的家训《了凡四训》更为人找到"远祸即是福"的办法："人为善，福虽未至，祸已远离；人为恶，祸虽未至，福已远离。"其核心就是一个"善"字。

有句成语叫"福善祸淫"，一语道破了福祸关系。语出《尚书·汤诰》："天道福善祸淫，降灾于夏。"意思是说行善终将得到大福，作恶必将遭遇祸患，夏朝有祸是作恶的结果。旧时还流行一句谚语："福无双至，祸不单行。"就是说幸运的事不会连续到来，而祸患一来却接二连三地发生，语出刘向《说苑·权谋》："此所谓福不重至，祸必重来者也。"吴承恩《西游记》第十五回中写蛇盘山鹰愁涧的孽龙说："这才是福无双降，祸不单行。我才脱了天条死难，不上一年，在此随缘度日，又撞着这般个泼魔，他来害我。"

民间有关福与祸的谚语颇多，如："是福不是祸，是祸躲不过""福薄祸生""祸从口出，福由心造"等等，此类旧谚在明清小说中经常可见。《金瓶梅》第七十二回应伯爵奉承谄媚西门庆说："你的心好，一福能压百祸。"意思是说有福运的人，能够制压住许多祸患。

四、"福"的同义字

《说文解字》释"示"说："示，天垂象，见吉凶，所以示人也。从二，三垂，日月星也。观乎天文，以察时变，示，神事也。凡示之属皆从示。"意思是说，示表示上天垂示征象，向求告者显示吉凶。字形采用"二"（天）作偏旁，字形中的三垂笔，分别代表日、月、星辰。人观察宇宙天象，借以推测时世的变化。"示"是神祇的事。

◎乾隆皇帝行书《福缘吉祥》匾

成了与一切祭祀、祈祷和宗教活动有关的字的意符，《说文解字》中收录了从示之字系列，"福"字从示，是与祭祀、祈祷有关，而许多从示之字又与"福"同义或相关。

祜：福也。《尔雅·释诂第一》说："祜，福也。"《诗经·小雅·信南山》说："受天之祜。"《晋书·王接传》也说："（王）接薄祜，少孤而无兄弟，母老疾笃。"可见祜跟福是一个意思。

禄：福也。《尔雅·释诂第一》说："禄，福也。"《广韵》说："善也。"《诗经·商颂》说："百禄是荷。"意思是承蒙天赐的百种福禄。汉乐府《孔雀东南飞》说："儿已薄禄相，幸复得此妇。"

礼：履也，所以事神致福也。最初的意思是举行仪礼，祭神求福。宋人徐铉注说："五礼莫重于祭，故从示，丰者其器也。"举着类似陶豆的器皿，在神主之前致祭，祭神自当获福，获得神的佑助。这与福的原生义相同，因此许慎说"事神致福也"。

禧：礼吉也。禧有幸福、吉祥的意思，中国人新年有句吉祥语："恭贺新禧"，就是给人祝福。《尔雅·释诂第一》说："禧，福也。"宋代王令《古庙》诗说："工鼓于庭巫舞衣，祝传神醉下福禧。"

祺：以真受福也。这是许慎的解释。以至诚感动神灵而得福佑，含有福祥的意思。

祯：祥也。祯同祥，含有福义。《诗经·周颂·维清》说："维周之祯。"《字林》说："祯祥也，福也。"

◎ 近代商承祚《眉寿繁社》

禧：福也。《尔雅·释诂第一》说："禧，福也。"汉代张衡《东京赋》说："祈禧禳灾。"意思是祈福祛灾。

祥：福也。《礼记·礼运》说："是谓大祥。"《风角占》说："福先见曰祥。"就是吉利是福的意思。

祉：福也。宋人徐铉注说："祉之言止也，福所止不移也。"《尔雅·释诂第一》说："祉，福也。"《诗经·小雅·六月》说："既受多祉。"《周易·泰卦》也说："以祉元吉。"意思是以此获得福泽，至为吉祥。

佑：助也。指神灵的佑助。《周易·大有》说："自天祐之，吉无不利。"许慎释福说"佑也"，福即获神灵佑助。佑与福自然同义了。

禔：安福也。《正韵》说："福也安也。"《汉书·司马相如传》说："中外禔福。"

祈：求福也。《诗经·小雅·甫田》说："以祈甘雨。"《尚书·召诰》说："祈天永命。"表示向神求祷以祈福。

祷：告事求福也。即向神祝告祈福。《周礼·春官·小宗

◎ "福"字花钱　　　　◎ "禄"字花钱　　　　◎ "禛"字花钱　　　　◎ "祥"字花钱

伯》说:"及执事祷祠于上下神祇。"郑玄注:"求福曰祷。"

祚:福也。宋人徐铉注:"凡祭必受胙,胙即福也。"胙、祚、酢三字互通,皆从"乍"得音得义而与祭告相关。《诗经·大雅·既醉》说:"永锡祚流。"郑玄说:"长予福祚,至于子孙。"李密《陈情表》也说:"门衰祚薄,晚有儿息。"

以上是《说文解字》中一些从示字系与福同义或相关的字,在汉语中这类字仍有不少,如《康熙字典》午集下"示部"所收的字:礽、禊、祬、祹、禓、禱、襀等。

在古汉语中,对福的文化编码十分繁复细致,围绕不同形式的祭祀、祈祷以求神灵佑助,几乎都立了专门的名称,由此可从一个侧面反映出中国福文化的发达程度和悠久历史。

五、蝙蝠寓 "福"

蝙蝠似鸟似鼠,非禽非兽,是哺乳类翼手目的动物,喜食昆虫水果。蝙蝠不是鸟类,却是哺乳类真正有翅膀,具有飞翔能力的唯一动物。化石记录显示,蝙蝠早在5500万年前已经出现在地球上。目前全球已经命名的蝙蝠大约有1000种,是哺乳类动物中最庞大的家族。蝙蝠身上有灰黑色的柔毛,体侧有皮膜自前肢连至后肢,呈翅状,翅膀没有羽毛,是由前肢演化而成。蝙蝠有眼睛却看不见,

◎ 清代林朝楷《福自天降》

◎ 清中期剔红福寿蝙蝠形盖盒

以嘴或鼻发出高频率的声波，声波碰触到它身体前面的物体，再反射回耳际，凭借这套声波定位判断前方物体的位置作为导航系统。蝙蝠喜欢成群聚集，昼伏夜出，鸟类掌握了白天的天空，蝙蝠选择了天敌及竞争对手较少的黑夜活动，白昼收束翅膀，以后肢的爪倒悬而睡，当黑夜来临时成群的蝙蝠飞离不见天日的洞穴开始觅食活动。唐人元稹在《景中秋》说："帘断萤火入，窗明蝙蝠飞。"其实，蝙蝠并不喜欢明亮的地方，而是那里的蚊虫多，正是它们饱餐一顿的最佳去处。

民间传说蝙蝠为老鼠食盐才变成如此头身似鼠，插翅能飞、丑陋怪异的模样。另一民间传说叙述百鸟在凤凰过生日时聚会，但蝙蝠却不去，说自己不是鸟类，而是哺乳动物。后来麒麟过生日，召集百兽聚会，蝙蝠又不去，说自己有翅膀能飞，是飞禽不是走兽。蝙蝠就是有如此特立独行的自然习性，独来独往昼伏夜出找寻属于自己的时空，不介入飞禽走兽派系纷争弱肉强食的环境。

东晋葛洪的《抱朴子》说蝙蝠是长寿的动物，能活到千岁的蝙蝠，全身雪白，头也变得很重，以至于倒垂悬挂，将白蝙蝠风干研磨成粉末服食，可以使人长生不老、延年益寿、成仙得道。

蝙蝠在欧美是邪恶的化身，在中国传统文化里却是祥瑞之物。蝙蝠的"蝠"谐音"福"，因此成了人们最为喜爱的吉祥物之一。人们常常可以在一些家具、器物、瓷器上面看到蝙蝠的图案，如清

◎ 清代木雕蝙蝠祥云

◎ 乾隆铜鎏金刻蝙蝠纹印泥盒

中期剔红福寿蝙蝠形盖盒，整体做成一展翅的蝙蝠状，十分有趣，盖面也作细致的修饰，剔出蝙蝠的头、身和翅膀上的羽毛，两只小蝙蝠飞附在大蝙蝠的肩头上，大蝙蝠身上有一只蝙蝠口衔变体"寿"字样式的中国结，两边也各有一只蝙蝠飞来，共五只蝙蝠，盖盒以蝠为主题，"蝠"与"福"谐音，有五福捧寿、五福临门、洪福齐天多重寓意，利用形制、装饰等多种形式来表现这一主题，的确巧具匠心。清乾隆铜鎏金刻蝙蝠纹印泥盒，盒盖鎏金錾刻满祥云蝙蝠，盒身满刻舒卷的祥云，大有福从天降、福满天下的美好寓意。

　　蝙蝠的生活习性是栖息时倒悬而睡，象征"福到"，过去人家见到屋檐下聚集的蝙蝠，相信蝙蝠会带来福气，从不会去打扰它们，蝙蝠飞入家宅，更是"福临门"的好兆头。在各地村落的古老建筑如村屋、祠堂及庙宇都有善待蝙蝠的设计，欢迎蝙蝠栖身其中，蝙蝠还与其他吉祥元素结合，就有了象征福禄寿喜财的寓意，蝙蝠在中国早就飞入寻常百姓家，变化多端的造型大量出现在日常生活中，将人们心中的祈求与愿望淋漓尽致地表露出来，蝙蝠的出现是接福祛邪的好兆头，"翘盼福音"寄托了古往今来多少人的情思。

六、"福"字谐音创意多

　　中国传统价值观历来重和谐，盼富贵，祈平安，求吉祥，而家业昌盛、阖家幸福、健康长寿、子孙兴旺则是人们理想的生活追求，这些渗透在老百姓心灵深处的价值理念，往往在语言崇拜的心理作用下，通过一些"福"的谐音吉祥物体现出来。除了蝙蝠寓福外，与"福"谐音双关的还有"虎""佛""壶""佛手""葫芦"等等。

　　吉祥瑞兽"虎"与"福"谐音，尤其是福州方言中"虎"与"福"发音相近。因此，人们把有五只老虎的画叫作《五福图》，清代福建漳州传统年画《五福图》，图中五只老虎围绕在聚宝盆周围，神态各异，生动可爱；聚宝盆中盛满各种宝物，寓意财源滚滚。此图

◎ 张善孖 1931 年作《五虎图》

◎ 康熙黄地素三彩"福"字壶

多贴在箱柜上，取生财护财的意思。画虎大家张善孖以画虎驰誉天下，一生爱虎，绘虎成癖，为了观察猛虎的一举一动，曾亲自饲养老虎，对老虎的习性非常了解，笔下的老虎，既不失威猛，又富有人性，曾经画过多幅《五福图》，1931年所作的《五福图》就是他的杰作之一。

"佛"谐音"福"，代表福气，佛就是福，佛还有福泽天下的寓意，人们喜欢戴佛像，就是寓意戴戴（代代）有福，既能保佑自己，又能福佑家人。清代紫砂制佛手形摆件，"佛手"谐音"福寿"，在莲花座之上的两手之间雕塑一坐佛，坐佛法象庄严，象征福在手心，能招来福禄吉祥，被誉称为福气之手，深受人们的喜爱。"佛足"谐音"福足"，佛陀称为两足尊，表示福慧双足，心中有慈悲，就是福；心中无烦恼，就是慧。如果福慧双足，人生就完美了。

"壶"与"福"谐音，中国人爱壶、用壶、藏壶，也蕴含了祈福、修福、祝福的意思，壶即是福，有壶就有福，惜壶象征着惜福，送壶就是送福，藏壶也就是藏福。清康熙黄地素三彩"福"字壶，为清康熙时流行的壶型，因壶身盘成"福"字而得名，加之"壶"谐音"福"，更是名副其实的福上加福。此壶以"福"字为壶身，两旁附以执柄及长流，以"福"字桃形一点为盖，采用黄、绿、紫三色，以黄彩为地，紫彩绘莲花，绿彩绘枝叶，满绘缠枝莲纹，纹饰均以黑彩勾勒，壶身中间开光内绘天官赐福；壶的流、柄上以墨彩绘出藤皮缠绕状，惟妙惟肖，妙趣横生，为康熙民窑精品。

葫芦像许多其他吉祥物一样，在古代不仅作为蔬菜食用，同时也是生活用品，还是文化传承的载体，作为应用广泛的吉祥物，葫芦的吉祥含义非常丰富，"葫芦"谐音"福禄"，也代表了长寿吉祥，加之葫芦的外形是圆的，因此也是幸福美满的象征；葫芦枝蔓绵延，结果累累，籽粒繁多，加上"枝"与"子"、"蔓"与"万"谐音，葫芦又有了福禄万代、子孙万代的寓意，是人丁兴旺、后代

◎ 清代紫砂制佛手形摆件

◎ 民国剔红福禄万代葫芦瓶

绵延的象征。

　　民国剔红福禄万代葫芦瓶充满了巧思妙意，通体雕以大小不同的葫芦，藤蔓绵延，更间以茂叶花蕾，有福禄绵绵、子孙万代的吉祥寓意。红色的葫芦与"洪福"谐音，蕴含着老百姓祈盼幸福绵延的美好心愿。古人喜欢用红绳串绑五个葫芦挂在门上，寓意五福临门。

第二章　祈福典故

一、华封三祝

"华封三祝"是中国民间十分流行的祝颂辞，语出《庄子·外篇·天地篇》。相传，帝尧有一天到华地去视察，华地封人前往祝贺说："惟愿圣人多福、多寿、多男子。"帝尧听罢连忙辞道："实在不敢，多福就是多出许多麻烦事，多寿又要多出许多耻辱，多男子更要为他们多担心。"华地封人说："上天生了万民，必要给他们事情去做，每个男子都有事情做，有什么可担心的呢？把福分赐给众人，让人人都有福，又有什么麻烦呢？天下有道，便国泰民安；天下无道，便要竭力德施仁，哪里会有什么耻辱呢？"帝尧与华地封人的这一对答，便为后世留下了"华封三祝"这一广为流传的民俗吉祥语，作为颂人和自祝的祝福贺词。人们只要熟悉了华地封人为帝尧祝福的典故，就会懂得传统寿联"南极星辉，西池桃熟；三祝华封，筹添海屋"中"三祝华封"以及"安保九如富贵寿考，幸封三福吉祥子孙"中"幸封三福"说的是什么事了。

华封三祝为吉祥语，古代画家有据此义成画以示祝颂的。清代大画家任伯年作有《华祝三多图》，华封三祝的典故在任伯年的笔下展现得栩栩如生，淋漓尽致，图绘随帝尧出巡的侍女、武士和马夫，一行七人从透明的阳光里来到葱郁的丛林，华封三老从架临飞泉的石梁上迎过来，在画面的中幅组成了复杂的人物群，一株大树将他们隔为两组，人物相向围着，洋溢着欢悦之情；居于画中心的是帝尧，但目光所向，却集中在画右边的华封三老，古貌奇伟，不知其有几多寿；帝尧的随行个个器宇轩昂，更衬托了帝尧的帝王姿态。

清代画兰竹大师郑板桥也曾借这个典故作有《华封三祝图》，表达了多福、多寿、多子的祝福。画面简洁清新，只画了三竿修竹和两块巨石，竹竿细劲挺拔，竹叶错落纷呈，巨石用中锋勾勒，皴擦较少，屹立在竹子背后，大有横空出世之势。自题："写来三祝仍三竹，画出华封是两峰，总是人情真爱戴，大家罗拜主人翁。"清代禹之鼎《华封三祝》、郑慕康

福——中国传统的福文化

第二章 祈福典故

◎ 郑板桥《华封三祝图》

《华封三祝图》，都是以"竹"与"祝"谐音，画三棵竹，寓意"三祝"。清代颜元《华封三祝》绘华地封人拜见帝尧，手持三片竹叶，也是表示"三祝"的意思；还有以南天竹入画，如王震1915年作《华封三祝》；也有以三只竹鸡入画，如柳斌1936年作《华封三祝》也都是寓意"三祝"。

中国传统吉祥图《华封三祝》以天竹、牡丹、水仙绘于一图，表现的就是封人对帝尧的祝颂。"竹"与"祝"同音双关，寓意福寿双全，子孙万代。陈半丁1941年作《华封三祝》绘天竹、寿石、水仙，寓意"三祝"。

另有《三多图》是由佛手、桃子、石榴三种植物果实组合而得名的，采取谐音、象征手法，用佛手、桃子、石榴分别象征多福、多寿、多子。《三多图》是文人画家和民间艺人钟爱的画题，在绘画和民间年画中经常可以见到，如丁辅之、唐云、吴征合作的《三多图》扇面、杨柳青吉祥年画《福寿三多》。

二、箕陈五福

中国古代的"五福"，说的是五种世俗观念和人生理想，《尚书·洪范》说："五福，一曰寿，二曰富，三曰康宁，四曰攸好德，五曰考终命。"《悼王子开五首》也说："当代三公后，惟君五福全。"后世民间的说法则是指福、禄、寿、喜、财。五福就是过去中国人生活的主要内容，成为人生幸福的总称，历千年而不衰，迄今依然影响着中国人的生活。

箕子是殷纣王的叔父，官拜太师。纣王荒淫，不理政事，箕子屡屡进谏无效，反受迫害，于是佯狂为奴。周武王伐纣的前一年，纣王杀王子比干，囚禁箕子。公元前1066年，周武王克商，封纣王的儿子禄

◎ 清刊本《钦定书经图说》之武王向箕子请教

◎ 乾隆皇帝朱白文螭钮玉玺
箕畴五福

◎ 乾隆粉彩五福笔洗

父在殷地，又命召公释放箕子。箕子出走，去了朝鲜，过了一年多，箕子思念故国，便回到周朝都城镐京。周武王得知后十分高兴，前往箕子下榻的住所，向箕子询问治国大法，箕子回答说："我听说从前鲧采取堵塞的办法治理洪水，结果扰乱水火木金土五行规律，上帝震怒，就没有把九种治国安民的大法传授给鲧。后来鲧在流放中死去，禹继承父业。由于禹治水遵循水的规律取得卓著成效，上帝就把这九种大法赐给了禹，治国安民的常道因此定了下来。"周武王追问这九种大法究竟是哪些，箕子说："第一是五行，第二是认真做好五事，第三是努力施行八种政务，第四是适用五种计时方法，第五是建事依据皇极，第六是治理使用三德，第七是尊用以卜考疑的方法，第八是审察政事利用各种征兆，第九是用五福规劝人为善、用六极警戒人作恶。"

九种治国安民大法中的第九种为五福：一是长寿，二是富贵，三是健康安宁，四是遵行美德，五是高寿善终。这就是箕子所说的五福，箕子特别强调劝人为善便可得五福。按他的说法，五福寿为先，是因为如果人的生命都不存在，其他几种福也就没有了任何意义，只有延长寿命，才有可能享受其他福分。宋代欧阳修在《纪德陈情上致政太傅杜相公》一诗中也表达了他对福的看法："事国一心勤以瘁，还家五福寿而康"，可见欧阳修也认为五福的核心是长寿健康。

民间谈福说福，常多用五福一词，如宋代无名氏《满庭芳》说："推君甲子，好问绛人年。更遐龄多祝，五福兼全。"有对联曰：人臻五福，花满三春；三阳临吉地，五福萃华门；梅开五福，竹报三多；九如天作保，

五福寿为先；范陈九五福，桃熟三千年；上寿期颐庄椿不老，君子福履
洪范斯陈。后两联中"范陈九五福""君子福履洪范斯陈"，用的就是"箕
陈五福"的典故。

　　源于"箕陈五福"典故的传统吉祥图多以五只蝙蝠构图，在传统
器物上出现频率最高，如明代景德镇窑法华五福"天"字白釉渣斗，口
沿上端法华滴塑八个祥云纹蝙蝠，腹部等距法华滴塑五个行书"福"字，
内底法华滴塑一个行书"福"字，四边法华滴塑四个蝙蝠围绕"福"字，
构成五福，通体白釉，足端无釉；所有法华"福"字及蝙蝠纹釉色灰青，
边缘釉色浅赭，足底无遮无拦楷书一个青花带铁锈花的"天"字，有"福
从天降"的寓意。法华也称"珐华"，是一种特殊的陶瓷艺术。清光绪
珊瑚红留白五福团寿竹纹笔洗，口沿施以珊瑚红釉，腹部留白，以珊瑚
红釉五只画上蝙蝠，中心是个"寿"字，形成五福捧寿图，寓意洪福齐
天，色彩浓艳凝厚，纹饰繁缛，艳丽娟秀，为书房用具的精品。

◎清代居巢《五福图》

◎清代屈兆麟《五福图》

◎ 明代景德镇窑法华五福
"天"字白釉渣斗

◎ 光绪珊瑚红留白五福团寿
竹纹笔洗

清乾隆粉彩五福笔洗，主题纹饰为两只矾红描金的蝙蝠，笔洗内部为松石绿地，其下为釉下海水，底有三只蝙蝠为足，构成五福，其款式为青花六字篆书。清乾隆红地粉彩描金大吉纹葫芦挂屏，呈葫芦形，顶部塑金彩蝙蝠为饰，器身束有缎带，底部装饰仿木釉托座，葫芦红地金彩绘"卍"字锦纹，并绘有五蝠图，两圆形开光内书"大吉"二字，周围五蝠环绕，意为吉祥五福。这是乾隆宫廷精美的陈设用品，富有浓郁的皇家气息。由此还衍生出吉祥图《五福捧寿》《五福临门》《五福和合》《万寿五福》《瓶升五福》《平安五福自天来》等。

画家也特别喜爱画这种吉祥图，广东省博物馆藏清代居巢《五福图》，构图新颖，在小石头旁，放着一个具有浓厚乡土气息的小竹笼，笼里有五只小蝙蝠，画面活泼，寓意深长。晚清宫廷画家屈兆麟擅长工笔花鸟，尤善画蝙蝠，曾画过多幅《五福图》，主体都是五只蝙蝠飞翔在祥云之间，还有的配以寿石、灵芝、兰草。类似的还有清代冷枚的《五福图》和清代姚伯昂的《五福九寿图》。

三、天保九如

祝颂人生幸福的传统吉祥语有：天保九如、颂献九如、诗颂天保、颂祝冈陵等；又有祝福贺寿联如：安保九如富贵寿考，幸封三多吉祥子孙。百福图开臻大寿，九如诗颂乐嘉宾。南极星辉南岳宴，九龄人晋九如歌。寿宇鸿形图陈百福，名楣喜溢颂献九如，等等。

"天保九如"典出《诗经·小雅·天保》，诗前小序说："《天保》，下报上也，君能下下以成其政，臣能归美以报其上焉。"《天保》是一首臣子祝颂君主的诗，大意是向君主祝福，上天保佑庇护，使君主政权巩固、国家强大，赐给君主一切幸福，让君主物产丰盈、国家富庶，又使君主安乐幸福，万事如意，享受众多福禄，洪福降临，唯恐一天不足。上天保佑君主吉祥，生产蒸蒸日上，恰如巍巍山陵，又如高高山岗；如水滚滚而来，永远不断增长；更像新月渐盈，旭日东升；又像南山高寿，永不亏损塌崩；还像松柏常青，子孙永远继承。

◎ 乾隆天保九如御墨

◎ 吉祥图《三多九如》

◎ 吉祥图《九如图》

◎ 清代天保九如玛瑙坠

　　九如就是取自《天保》，诗中第二章说，天下安定，犹如永恒的高山和不息的河川："天保定尔，以莫不兴。如山如阜，如冈如陵。如川之方至，以莫不增。"第六章又说，天下获福，犹如月盈日出和南山之寿、松柏之茂，均相继而长新："如月之恒，如月之升。如南山之寿，不骞不崩。

◎ 明代尤求 1572 年作《九如图》

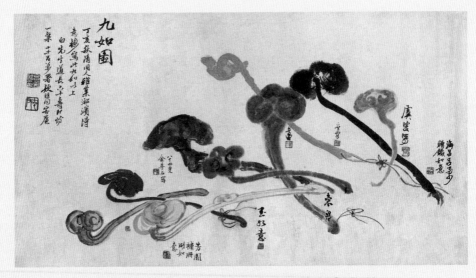

◎ 郑午昌、洪戬、孔小瑜、金梦石等 1947 年合作《九如图》

如松柏之茂，无不尔或承。"巧用比喻手法，连用九个"如"字来表达对君子的祝福，意为天地四方、山川松柏皆好，即九方如意，九如是祝颂吉祥幸福的意思，用词夸张，又恰到好处，而"天保九如"成为后人经常引用的经典语句。传统吉祥图案《天保九如图》，绘山川、日月、松柏于一图，以为祝福颂福。

明代尤求 1572 年作《九如图》，图绘九位老寿星出游，山中松柏叠翠，繁花怒放，灵芝呈瑞，丹山碧崖之间，祥云缭绕，绿水长流，一种富贵祥瑞之气溢于画面，当是为人祝寿之作。清乾隆时期内廷画苑领袖钱维城《九如图》，也是根据《诗经·天保》九方如意典故，为祝寿而作，意谓"福寿无疆"，画中高山耸立，遍山生长常青繁茂的松柏，松柏丛中红彤彤的旭日冉冉升起，山间溪流蜿蜒奔腾而下，汇入东海，即是《诗经》内"如南山之寿，不骞不崩，如松柏之茂，无不尔或承"文字的形象化。画幅右上有乾隆皇帝题诗："天保答君小雅哦，六章遂以九如歌。侍臣岂啻祝厘颂，寓物由来规亦多。"乾隆皇帝御题诗的前两句即解释了《九如图》的出典，后两句又指出了此典的比拟性，即借自然物象来祝颂祈福。

传统吉祥图还常将"三多"与"九如"连用，为"三多九如"，绘佛手、桃子、石榴表示"三多"，即多福多寿多子；以九个如意寓意"九如"。如名家郑午昌、洪畿、孔小瑜、金梦石等1947年合作的《九如图》，一人画一柄如意，构成九如图。

如意本是一种搔背痒的用具，北方称作老头乐，南方称为不求人。如意用骨、竹、木、角、玉等制成，一端制成人手形，一端安柄，在人手不可及处可如人意搔背痒，故名如意。北宋释道诚在《释氏要览》中说，这种用具秦时开始就叫如意，是佛教僧侣用来搔背的爪杖，或用骨、角、竹、木，刻作人手指爪，柄可长三尺许，背脊有痒，手所不到，用以搔抓，如人之意，故曰"如意"。

自古以来，如意即为雅俗共赏的吉祥物。人们向往事事如意、处处称心，创造了各式各样的如意纹样。吉祥图案常用如意为题材，有心形、灵芝形、祥云形，绘大小如意纹正反环套为四面均匀对称的图案叫"四方如意"，绘如意贯穿双"喜"字的图案叫"双喜如意"，绘如意套入"寿"字、盘长则组合为"团寿如意""长寿如意"，绘以连绵"卍"字和束以锦带的如意组成为"万事如意"。如意纹样与其他物品组成的吉祥图案，常见的有"吉祥如意"，绘童子手持如意骑象；"平安如意"，绘花瓶中插一柄如意；"事事如意"，绘两个柿子和四柄如意；"百事如意"，绘百合花、柿子和如意；"福寿如意"，绘蝙蝠、寿字和如意；"必定如意"，绘如意、笔和银四季如意锭，还有绘月季花或四季花卉和环绕的如意云纹等等，这些吉祥图案均有深深的祝福寓意。

四、万福攸同

"万福攸同"典出《诗经》。《诗经·小雅·蓼萧》是一首赞美周文王恩德的诗，汉代毛亨《毛诗传》"蓼萧"诗前序说："《蓼萧》，泽及四海也。"诗写臣子见到周天子，心情舒畅，宴饮笑谈，喜气洋洋，祝颂周天子皇恩浩荡，万寿无疆，德美寿考，万物齐聚。这首诗的末句说："和鸾雍雍，万福攸同。"万福，泛指多福，攸即所，同聚，即人间的万种福祉，一齐到来。无锡头茅峰道院联："万福攸同，同此心同此理，

◎ 嘉靖万福攸同吉语款青花梅花碗

自然获福;诸天赞化,化善男化善女,共乐升天。"显然典出"万福攸同"。

明代民窑青花瓷器上普遍见到书写含有吉祥寓意的吉语款,字体多为行草,潇洒飘逸,一气呵成,常见的有"万福攸同""福寿康宁""长命富贵"等吉祥语,表达人们对幸福生活的向往。"万福攸同"在嘉靖、万历的民窑青花瓷器上最为常见,一般多在碗底款使用青料书写。

清代杨柳青年画《万福攸同》,绘庭院中通庭游廊,月门挂落,布

◎ 清代杨柳青年画《万福攸同》

萬福攸同

◎ 清代杨柳青年画《万福攸同》

置精巧华美，九个童子骑着各式各样蝙蝠从天而降，九泛指多数，在民间百姓的心目中，九是吉祥数字，九蝠（福）从天而降，表示福无止境。《万福攸同》表现的是天降万福、无穷无尽，过去的人们喜爱在新春佳节贴此年画，为取其吉利、幸福。在另一幅《万福攸同》年画中，画中两个童子骑蝙蝠从天而降，左边童子一手托掌，一手捉着一只蝙蝠，手上还套着古钱元宝吊坠；右边童子一手捧仙桃，一手握如意，如意上挂着玉磬连盘长的吊坠，天上飞来两只蝙蝠，一只衔钱，一只衔牡丹，这些都是寓意吉祥如意、福寿延年的吉祥物。蝙蝠从天上飞下，意指福运就要到来。

　　表达万福寓意的吉祥图，还有以"卍"字纹和蝙蝠或"福"字构成的，如万福字就是在"福"字的笔画中间布满"卍"字纹，寓意万福；万福图以蝙蝠、"卍"字纹、如意云纹组成圆形图案。清康熙万福万寿纹青花小盘，沿口是一圈可爱喜人的蝙蝠，盘心是五个团"寿"字，在团"寿"字中间穿插四枚"卍"字纹，构成万福万寿的寓意。清乾隆青花万福如意折沿盘，折沿一周折枝花卉，花卉下一周如意云头纹，盘心主图描绘缠枝花叶，有五只蝙蝠穿梭其间，三只在外，两只共托"卍"字纹在盘

◎ 嘉庆黄地粉彩万福如意纹云口瓶

◎ 万福图　　　　　　　　　　　　◎ 康熙万福万寿纹青花小盘

心正中，寓意万福如意。

清嘉庆黄地粉彩万福如意纹云口瓶，里施松石绿釉，口沿施金彩如意云纹，外壁黄地粉彩绘勾莲纹，颈下部绘四组蝙蝠口衔系"卍"字纹绶带，下坠如意扣、莲花坠，寓意万福如意；足圈饰莲瓣纹一周，底施松石绿釉，矾红彩篆书款，造型俊秀，寓意吉祥。

"万福攸同"的"万福"在后世逐渐演变为一种女子相见时礼节。万福从古时肃拜演变而来，隋唐以后人们不再跪坐，站立肃拜，拢手在身侧，略提衣襟，作"敛衽拜"。唐宋时妇女相见行礼时，双手在胸前合拜，口中称着"万福"致颂，因而得名。万者，多也；万福即多多有福，表示恭敬、祝福。唐代韩愈《昌黎集》卷十八《与孟尚书书》说："未审入秋来眠食何似，伏惟万福。"《大唐三藏取经诗话》也说："见一白衣秀才从正东而来，便揖和尚：'万福，万福！和尚今往何处？'"

万福礼最迟在宋代就有了，用来祝颂对方多福。自宋代始，万福渐渐成为妇女的专用语言，唐代王建的《宫词》写道："新睡起来思旧梦，见人忘却道胜常。"陆游解释说，胜常就是女子所说的万福。苏洞《过金陵》之四说："高资店里主人婆，万福官人问讯和。"因为古代妇女与人相见时，总是一面行礼，一面口称"万福"，所以妇女与人相见时敛衽或双手在衿前合拜的礼节也被称为"万福"。

元代以后，男子不再行敛衽拜礼。明清时，万福专指妇女与人见面时所行的敬礼，妇女行礼时，双手手指相扣放置左腰侧，弯腿屈身以示敬意，也简称作"福"，妇女只行敛衽拜礼，口中已经不道万福了，在宋元明清戏曲小说中常见此类描写。

五、富贵寿考

中国民间有句祝福吉祥语叫"大富贵亦寿考"，也作"富贵寿考"，典故出自唐代中兴名将郭子仪。

郭子仪，唐代华州郑人，以武举异等补左卫长史，累迁朔方节度使，平定安史之乱功著第一，封汾阳王，唐肃宗一句发自肺腑的话，高度评价了郭子仪的功绩："虽吾之家国，实为卿再造！"永泰元年（765

◎ 慈禧太后《富贵寿考》

年），回纥、吐蕃合兵围泾阳，兵临城下。郭子仪带数十骑前往回纥兵营，释胄解甲，投枪于地，回纥诸酋长立即上前迎接。郭子仪大义凛然，斥责回纥破坏盟约，入侵内地，弃前功结怨仇，背恩德而助叛臣。回纥大帅药葛罗慑于郭子仪的威望，说："我受怀恩欺骗，说代宗皇帝已晏驾，令公也不在世了。因此才敢来冒犯，今日亲见令公健在，我们怎敢与令公为敌？"郭子仪便劝药葛罗共击吐蕃，药葛罗请郭子仪饮酒盟誓，立即召集部将，部署反击吐蕃的任务。吐蕃闻之，连夜领兵退逃，唐兵与回纥合兵追击，在灵台西原大败吐蕃。这就是郭子仪单骑免胄劝说回纥的故事，清代马骀作有《免胄见酋》图，清代朱鼎新《郭子仪故事图十二屏》分绘姬侍歌舞、河中入朝、问安点颔、七夕献瑞、满床积笏、王姬下嫁、单骑见酋、门下过考、图画凌烟、富贵寿考、正位椒房、子孙介寿，表现郭子仪的功绩和福寿双全的人生。

宋代李昉等编纂的《太平广记》卷十九"神仙十九"引《神仙感遇传》记载，传说郭子仪在回银州的途中，七夕夜里，忽然一片红光，抬头看见空中有一辆华丽的车子慢慢降落下来，车上的锦绣围帐中坐着一个美丽的女子正俯身向下看。郭子仪猜想是天仙织女下凡，立即拜祝祈祷。民间风俗，七夕夜洒扫庭院，供设酒脯时果，祭拜织女，乞富乞寿，乞子乞巧。织女一见郭子仪有求，笑着说："大富贵亦寿考。"说罢，车子又慢慢升上天空，那仙女一直看着郭子仪，很久才消失。

大概是由于天仙织女赐福，后来，郭子仪由于战功而一路晋升，官至中书令，进位太尉，唐德宗赐号"尚父"，声名显赫，大富大贵。据《新唐书·郭子仪传》载："（郭子仪）以身为天下安危者二十年，校中书令考二十四。八子七婿，皆贵显朝廷。诸孙数十，不能尽识，至安，但领之而已。富贵寿考，哀荣终始，人臣之道无缺焉。"郭子仪一生位居高官，荣华富贵，又享高寿八十五，有八子七婿，诸孙数十人，可谓集五福于一身，时人非常羡慕，传赞称曰："子仪完名高节，烂然独着，福禄永终，虽齐桓、晋文比之为褊。"明代萧良的《龙文鞭影》有"遐福郭全"的典故，将他作为标榜，因此，在民间郭子仪也是富贵长寿的象征。

郭子仪大富贵寿考，是画家非常喜爱的祝福贺寿的画题，一般都

◎ 清代刘彦冲《富贵寿考》

是根据《神仙感遇传》的记载进行构思，图绘仙女向功高盖世位极人臣的郭子仪指点迷津，告诫他：宜急流勇退，颐养天年，安享富贵。费丹旭、黄山寿、钱慧安、徐操、王云、沈心海、魏墉生等都有佳作存世，被收藏爱好者争相收藏。

传统吉祥图也常以"大富贵亦寿考"为题，多是以牡丹、寿石、松、"寿"字、桃花构图，牡丹代表富贵，寿石、松、"寿"字、桃花代表长寿，意为富贵长寿，五福齐全。寿考，即高寿的意思，语出《诗经·大雅·棫朴》："周王寿考，遐不作人。"《后汉书·东夷传》也说："多寿考，至百余岁者甚众。"这种祝福吉祥图十分受世人喜爱，所以是各种器物常用的纹饰。此外，这也是历代画家喜爱的画题。清代慈禧太后《富贵寿考》就是以牡丹花、寿桃、灵芝构图，充满了吉祥祈福的气氛。汤贻汾《富贵寿考》以牡丹花和菊花组图，牡丹花象征富贵，菊花象征长寿。刘彦冲《富贵寿考》图绘牡丹花、松柏、寿石和两只绶带鸟，牡丹花象征富贵，松柏象征长寿，绶带鸟的绶与寿谐音，组合寓意就是富贵寿考。

六、福至心灵

"福至心灵"是旧时十分流行的一句祝颂语，意思是一个人的福运来了，心窍也就开通了。最迟在宋代就已广为流传。北宋毕仲询《幕府

◎ 慈禧太后《福至心灵图》

◎ 屈兆麟《福至心灵图》成扇

燕谈录》记载说，吴参政任职翰林学士时，常常起草典章制度呈给欧阳修看，欧阳修认为他写得很好，因此，开玩笑地对他说："君福至心灵。"意思是：吴参政你福气来时，思维突然变得灵敏起来。

元明清时期这句话更为常见。元代白仁甫《东墙记》说："想前夜月下鸣琴，韵和新诗，福至心灵。"明代《金瓶梅》第八十一回中，翟谦对吴月娘介绍韩道国的女儿韩爱姐说："如今又会写，又会算，福至心灵，出落得好长大身材，姿容美貌。"明清时期非常流行的儿童启蒙读物《增广贤文》也说："福至心灵，祸至心晦。"有时"福至心灵"也作"福至性灵"，晚清李伯元在《官场现形记》第五十六回中写道："亦是他福至性灵，忽又想到一个绝妙计策，仍旧上来见老师。"

民间吉祥图《福至心灵》图案主要由蝙蝠、寿桃、灵芝组成。蝙蝠喻福，寿桃象征长寿，形状似心，加上灵芝的"灵"字，构成福至心灵，表示福运到来会使人变得更加聪明。慈禧太后也作有《福至心灵图》，绘蝙蝠、灵芝、仙桃、灵石、福海、圆月，硕大饱满的仙桃缀在枝头，遮掩着半边圆月，两只蝙蝠倒挂桃枝上，取意"福到了"，几棵灵芝长在灵石的石缝上，托起整幅画面，海面层叠波浪衬托出这福灵之地是世外仙境，福气缭绕，意境悠然，设色鲜丽，寓意吉祥。清代宫廷画家屈兆麟《福至心灵图》成扇也是以蝙蝠、灵芝、兰草构图，表达出福至心灵的寓意。

玉佩作为一种时尚首饰，许多人都喜欢佩戴，玉佩中的传统图案

◎ 乾隆铜胎掐丝珐琅螭龙吊架配碧玉福至心灵纹璧

◎ 清代紫檀雕福至心灵笔掭

内容丰富，形式多样，大体有吉祥如意类、长寿多福类、家和兴旺类、安宁平和类、事业腾达类和辟邪消灾类等，主要用龙、凤、蝙蝠、灵芝、祥云、如意等表示，福至心灵是明清玉佩、圆雕件、玉牌子最常用的吉祥图案，多雕蝙蝠、灵芝和如意，蝙蝠谐音"福"，灵芝造型与如意同形，长久以来灵芝被赋予美好的祥瑞象征。清乾隆青白玉留皮雕福至心灵洗，以整块玉料碾制而成，玉质清澈莹润，微微闪青，掏膛做如意灵芝头形洗，既取其意，又取其形。口沿处雕两只蝙蝠，姿态各异，洗外透雕四枝灵芝，枝干见筋见骨，糖皮处巧雕灵芝，颇具匠心。

　　清代玛瑙巧雕福至心灵坠，上下各有一只蝙蝠、蜻蜓伏在寿桃上互抱灵芝，构思巧妙，布局得当。还有一种福至心灵是由蝙蝠和菱角组成的，清代白玉福至心灵镂空挂坠，玉质洁白无瑕，温润可人，随形圆雕两菱角枝体相连，镂空一只蝙蝠趴在菱角上，翅膀与菱角蒂相连，菱角纹理、蝙蝠局部细节雕琢精细，整体造型构思巧妙，颇具意味。菱角题材在清代玉雕中较为流行，有时也加上蝙蝠或蝴蝶。

　　清乾隆铜胎掐丝珐琅螭龙吊架配碧玉福至心灵纹璧，主图上方是一只张翅的蝙蝠，下面是一个硕大的灵芝如意头。清代紫檀雕福至心灵笔掭，正面巧雕一翻转的荷叶形，背面附一株灵芝如意头，大小灵芝相依，辗转过枝于正面，一只蝙蝠落在其上，也很好地表达了福至心灵的主题，寓意吉祥。

七、一路福星

　　宋代以来，有句颇为流行的祝颂语叫作"一路福星"，原义比喻能给百姓带来福气、福运的好官，为官一任，造福一方，后来也作为祝人旅途平安的吉祥语。清代范寅《越谚》卷说："一路福星，又一路顺风，送远行语。"旧时婚嫁的喜轿帘上多贴"一路福星"之类的红签，以为祝福。这句话典出南宋史学家李焘的《续资治通鉴长编》，这个典故对今天的反腐倡廉尤为有很好的教育意义。其传统图案常以蝠和鹿构成，

◎ 清代一路福星
正大光明吉语花钱

◎ 清代黑白玉雕
一路福星鼻烟壶

◎ 明宣德青花釉里红
一路福星四方花觚

也有以一只鹭与蝙蝠组成的。

《续资治通鉴长编》卷三百六十一"元丰八年"记载：早在宋神宗熙宁十年（1077年），鲜于侁任京东路转运使时造福一方，非常受百姓爱戴。元丰八年（1085年），身为朝议大夫的他再次被任命为京东路转运使，当时主持国政的司马光对人说："现在再次让鲜于侁担任京东路转运使，是没有办法的办法。像鲜于侁这样贤能的人，不应该让他去地方上做官，而应该让他在朝中起更重要的作用。可是山东一带天灾人祸非常严重，已经十分凋敝，又非他去治救不可。他是一路福星啊，可以作为诸路转运使的楷模。怎样才能有像鲜于侁这样的人才百来个遍布天下呢？"听说鲜于侁又来了，当地的士人百姓像见到了慈父慈母一样。当时山东莱芜监与江苏的利国监同为京东路两大冶炼中心，本来主要采取民营形式，冶户积极性很高，但原京东路转运使吴居厚见冶铁有利可图，便收归官营，增加赋税，严重损害了矿冶户的利益。鲜于侁到任后，立即纠正了这种错误做法，奏请朝廷停止官营，恢复民营，还采取了一系列恢复民生的经济措施，由于他勤政爱民，轻徭薄赋，百姓欢欣称颂，有口皆碑。

◎ 清代一路福星雕花板

鲜于侁的到来,真可谓福星降临。明代何良俊《四友斋从说》、彭大翼《山堂肆考·臣职·转运使》、清代毕沅《续资治通鉴》等书都有"宋鲜于侁,人谓之一路福星"的说法。

路,原本为宋元时行政区域名,宋代的路,相当于明清的省;福星,指木星,古代称木星照耀的地方,百姓也能够得到好运和幸福,因此将其奉为福星。

传统启蒙读物明代程登吉《幼学琼林》卷一"文臣"说:"鲜于子骏,宁非一路福星;司马温公,真是万家生佛。"宋代林逋《寄上金陵马右丞》

◎ 清代一路福星玉雕牌　　　　　　◎ 清中期一路福星玉雕

说："金陵土著多蒙赖，分野三回见福星。"清代薛福成《庸庵笔记》卷二说："骆公治吾楚十年，而吏民安堵，群寇远遁，此吾楚福星也。"说的都是受百姓爱戴的地方官。一个官员称不称职，能不能赢得民心，就是取决于他是不是为民做实事，只有忠于职守，积极推行政事，改善民生福祉的务实做法，才属正当的为官执政之道，老百姓期盼这样的好官，有这样的好官犹如福星高照。鲜于侁为官清正廉明，施行仁政，提倡教化，爱民如子，被百姓称誉为德惠万家的"一路福星"。

八、寿山福海

"寿山福海"是中国民间常用的吉祥语，比喻寿如山高、福似海深。民间广为流行绘以蝙蝠围绕海中山崖飞翔的纹图，叫寿山福海图，图中突出于海水的山崖是寿石，石上端长有灵芝，寓意长寿如意；天上翻飞着蝙蝠，"蝠"与"福"谐音，表示有福，故此图多用于祝人多福多寿、福寿绵长。此外，又有类似的吉祥图《海屋添筹》，典故出自宋人苏轼《东坡志林》卷二："海水变桑田时，吾辄下一筹，迩来吾筹已满十间屋。"旧时人们也常将"海屋添筹"用作祝福长寿。从吉祥语到吉祥图，充分表达了人们对于长寿的渴盼和祈求。

◎ 宣德官窑大器青花寿山福海纹炉

从史料得知，宋元时期瓷器、铜镜等器物上可见一些书写"寿山福海"之类的文字，铜镜多有遗物存世，但令人遗憾的是宋代瓷碗几乎不见踪迹，据《中国陶瓷史》载："传世品只有三件碗里面书'寿山福海'四字，这三件碗多年前已流散到国外，国内未见。"陕西西安曲江池元世祖至元三年（1266年）墓出土了一面"寿山福海"铭镜。自明代以来，《寿山福海图》得到广泛使用，无论官方还是民间都对这一吉祥图案十分钟爱。

明代青花寿山福海纹炉是官窑瓷中的重要器物，高58厘米，造型仿青铜鼎，是南京博物院的镇院之宝，青花瓷一般都是白底蓝花，而青花寿山福海纹炉一反常态，不惜费时费料，以昂贵的进口青料作为蓝底，以白釉为花，表现汹涌的海浪，满炉的波涛，大气磅礴，喷涌欲出。在瓷炉外壁翻涌的海浪中，又绘有重峦叠嶂，寓意寿山福海。完整的宣德青花寿山福海纹炉全世界仅存两件，足以见其珍贵。

明清两代皇帝的龙袍必绣寿山福海图案，在明万历皇帝棺内有一件红八宝纹暗花缎缂丝盘龙佛字方补交领夹龙袍，其前后胸方补内为正

◎ 乾隆粉彩福山寿海盖托

◎ 嘉庆粉彩寿山福海纹笔洗

◎ 光绪黄地粉彩寿山福海纹花盆

面龙戏珠，下部为寿山福海图，上部为流云纹。清光绪蓝色江绸绣彩金龙纹夹蟒袍，在蓝色三枚左斜纹江绸地上，绣制彩云金龙、杂宝、花篮等纹样，下面也是由海水江崖和蝙蝠构成的寿山福海图。

用象征和谐音来表现的吉祥图案寿山福海，在雍正、乾隆瓷中使用极为广泛。清雍正斗彩寿山福海小盘，以桃、蝠、山石和海水组合为主题画面，施彩方法仍以青花淡描与渲染加饰红、黄、绿等色绘制，其纹饰左面为青花渲染的山崖与桃树，桃树横穿画面，桃枝上高挂红黄相间的寿桃，错落有致，下面为青花淡描海波，绿彩填饰，波浪滔滔，海面上五只展翅红蝠，是一幅蕴含五福捧寿、寿山福海等多种长寿多福的寓意吉祥画面，具有清秀、艳丽、俊逸的艺术风格。

清乾隆粉彩福山寿海盏托，由蝙蝠、团寿、山石、海水、灵芝等组成寿山福海图，色彩浓艳，寓意吉祥。清乾隆象牙圆雕染色寿山福海笔架，为山峰形，共五座，中间一座最高，

◎ 万历皇帝红八宝纹暗花缎缂丝盘龙佛字方补交领夹龙袍

◎ 雍正寿山福海斗彩小盘

两边依序顺减，染牙五峰下水浪翻涌，三只红色蝙蝠盘绕五峰，彩色染牙山石、竹纹、灵芝纹饰，寓意寿山福海，原装象牙海水纹底座，器形精巧可人，色彩艳丽，于雅致秀丽中尽显生活情趣。

清嘉庆粉彩寿山福海纹笔洗，以粉彩勾绘成寿桃、寿石、蝙蝠以及海水纹，喻寿如山高，福似海深，运用丰富的彩料，使整体画面达到粉调柔和、秀雅丽致的效果。清光绪黄地粉彩寿山福海纹花盆，内壁施白釉，外壁通体以淡黄色为底，上以淡蓝色料彩绘纹饰，口沿绘蓝彩瓜蝶纹，边沿绘一周回纹，外口沿下绘一

◎ 乾隆象牙圆雕染色寿山福海笔架

◎ 张祥麟 1924 年作《寿山福海》

周如意云头纹，腹部通景绘桃蝠纹，姿态各异的蝙蝠口衔金彩"卍"字符，在桃枝间飞舞，桃枝上满缀寿桃，下绘寿山、福海、祥云，整体设色淡雅，寓意吉祥，有寿山福海、瓜蝶万代、福寿无疆等多层含义，是景德镇御窑厂在光绪十年（1884年）为慈禧太后五十寿辰庆典而专门烧造的祝寿瓷。

明清时期，民间十分流行在家庭中堂悬挂寿山福海图，在明清通俗小说里常有描写，《西游记》第二十三回写孙悟空跳起身进入莫寡妇家门里一看：向南的三间大厅，帘栊高控，屏门上，挂一轴《寿山福海》的横披画；两边金漆柱上，贴着一副大红纸的春联，上写着：丝飘弱柳平桥晚，雪点香梅小院春。从吉祥语"寿山福海"的应用到《寿山福海》图的出现和广泛使用，可以看到世人对幸福长寿的渴盼和祈求。

第三章　福字吉语

　　介福无疆是一句吉祥祝颂语，意思是大福分永无止境，语出《诗经·小雅·楚茨》："孝孙有庆，报尔介福，万寿无疆。"是祭祀祖先神灵时祈福的祝颂语，意思是孝孙一定能获得福分，赐予的福分宏大无量，赖神灵保佑万寿无疆。《诗经·小雅·甫田》说："黍稷稻粱，农夫之庆。报尔介福，万寿无疆。"意思是粮食丰收，农人互相庆贺，喜气洋洋，这是神灵酬报降给的大福，赐人万寿无疆。作为祝颂语的"介福无疆"，多出现在皇家祭祀的祝颂诗中，如《全唐诗·

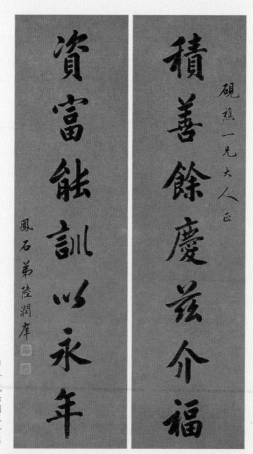

积善餘庆兹介福　资富能训以永年

砚樵一兄大人正

凤石弟陆润庠

◎清代陆润庠行书

福——中国传统的福文化

第三章　福字吉语

◎ 两个紧紧挨着的连体古石凉亭，福建一边称片云亭，江西一边叫介福亭。

郊庙歌辞·武后享清庙乐章十首·第五饮福》说："爰陈玉醴，式奠琼浆。灵心有穆，介福无疆。"

有关介福，有"受兹介福"一语，意思为之所以受此大福。民间还有吉语"介福方来"，介，训为大，介福方来，就是大福或洪福刚刚转来。

介福语义吉祥，很受人们喜欢，人们多用介福或作堂号，或作亭名，或作地名，或作画题。宋代王谠《唐语林》卷一记载，唐宣宗建有报圣寺，取名为"介福"，供奉唐宪宗的御像，即为他求冥福，尽孝道。广东潮阳"介福堂"，又称曾氏始祖祠，建于明代，明成祖永乐十九年(1421年)，皇帝为嘉奖曾牧为官廉洁正直而钦赐建祠曰"介福堂"。

福建宁化与江西石城交界的站岭隘，地处闽赣两省交界，有两座一体相连的石亭子，中间共用一墙，此墙即为两省的分界线，亭为砖石木结构，硬山顶，两面坡，山墙正中开门，亭名书于门额上方，福建一侧叫"片云亭"，江西一侧叫"介福亭"。

福建省永春县下辖的乡镇介福原名四班，南宋朱熹有诗咏道："十里平地水无声，一朝鸣琴有蝉蛙，稻香飘过七斗城，翠柏绿荫民康乡。"说的是介福地势平坦，绿意盎然，民富安康。明代永春知县骆起孟，见四班地形秀润、宽平肥沃，是块被覆盖着的福地，因此称为"盖福"，谐音为"介福"，后来谐音取义称为介福，这是一个吉祥的地名。

上海老介福绸缎局创办于清咸丰十年(1860年)，由福建人祝氏兄弟开设，一直为沪上名店，在绸布庄中首屈一指。1936年老介福绸缎局迁至新址经营时，上海著名裱画店戏鸿堂特请著名画家孔小瑜绘《介尔景福》图，作为戏鸿堂所赠的贺礼，画上有名家谭泽闿题字："介尔景福。老介福绸缎局莺迁之喜，戏鸿堂敬贺。"

二、载福受祉

载福，是承受福惠的意思。语出汉代焦赣《易林·坎之乾》："孔张四国，载福绥厚。"诗人书画家詹瀛生题著名诗人书法家陈志岁所居"载敬堂"楹联说："载福绥仁惟造福，敬身有道在修身。"

《易经·坤卦》中说"地势坤，君子以厚德载物"，这句话的意思是大地的气势宽厚和顺，君子应当效法大地的宽厚的美德，容载万物。清末红顶商人胡雪岩给后人留下了中国第一豪宅，杭州胡雪岩故居的院南载福堂为坐西朝东的三开间两层建筑，建筑材料和构件全部都采用南洋进口的上等金丝楠木，也叫楠木厅，面积445平方米，由于采用楠木，夏天特别凉爽，是胡雪岩宠爱的罗四太太的住所。

受祉，是接受天地神明的降福的意思，语出《诗经·小雅·六月》："吉甫燕喜，既多受祉。"大意是吉甫欢宴庆功酒，周王赐福吉祥多。"福"和"祉"是同义词，合起来仍然是幸福、福运、福气的意思，也有祝福的意义。《韩诗外传》卷三说："是以德泽洋乎海内，福祉归乎王公。"孙中山《同盟会宣言》说："复四千年之祖国，谋

福—中国传统的福文化

第三章 福字吉语

◎金城 1911 年作《载福受祉》

四万万人之福祉。"至今"福祉"依然是一些官员尤其是台湾地区的政客的口头禅。

后人取《易林》的"载福"与《诗经》的"受祉"组成"载福受祉",意思是承载更多的福祉,成为一句十分流行的吉祥祝颂语。

著名画家金城 1911 年作《茹芝饵黄载福受祉》图,款识:"茹芝饵黄载福受祉。辛亥六月集易林诗为轩侍郎寿,吴兴金城。"这是一幅祝寿图。茹芝饵黄即服食灵芝黄精,道家认为这样可以成仙。叶恭绰有八言祝寿联曰:"茹芝饵黄贵寿无极,据斗运枢福禄常存。"《茹芝饵黄载福受祉》图绘松柏、灵芝,寓意福寿绵长,祝颂寿星福如东海长流水,寿比南山不老松。类似的还有赵云壑 1915 年所作《受福无量图》和吴昌硕 1919 年所作《受福无量图》,都是为人祝寿的祝福图。

福——中国传统的福文化

第三章 福字吉语

三、降尔遐福

"降尔遐福"一语，出自《诗经·小雅·天保》："降尔遐福，维日不足。"（郑玄注："遐，远也。天又下予女以广远之福，使天下溥蒙之。"）意思是唯恐时间不够，无暇消受此天降的久远大福。原本为祝颂人君的吉祥语，后推而广之，成为祝福祝寿的祝颂语。清代郑板桥《题丁有煜砚铭》称赞紫金砚："降尔遐福，受禄于天，如山之寿，于万斯年。"民间也有对联说："福如东海逢盛世，寿比南山享遐福。"

遐福也作胡福，《仪礼·士冠礼》说："眉寿万年，永受胡福。"（郑玄注："胡，犹遐也，远也；远，无穷。"）胡福就是无穷之福。"胡"是"遐"的通假字，"胡"与"遐"一声之转，"胡"亦从"遐"，

◎ 沈啸梅 1933 年作《降尔遐福》

◎ 朱鼎鑫 1918 年作《降尔遐福》

义也释为"远",而"永受胡福"的意思同于《诗经》的"降尔遐福"。

清代朱鼎鑫的《降尔遐福》图,题识为"降尔遐福,受天百禄,眉寿有无极。岁次戊午小春月缋祝小宋老伯大人七秩双庆。永嘉朱鼎新晓崖甫。"图绘挺拔苍松,松间两只飞舞的蝙蝠,苍松下一老者一手拄龙头拐杖,一手提花篮,身旁有梅花鹿相依,侍女双手捧寿酒,三个童子在搬寿桃,旁边山石间长有灵芝、兰草,一派吉祥气象。而诸健秋 1938 年所作《降尔遐福》表现的也是同样主题,只是表现手法不同，以福禄寿三星来表现降尔遐福、受天百禄、眉寿无有极。

浙江苍南莒溪有座古朴庄重、气宇轩昂的陈氏宗祠，为陈成标于清乾隆初年所建，祠堂大厅高悬"星聚流光"四字牌匾，两边的廊房分别悬挂"赉我思成"和"降尔遐福"匾额，书法字体端庄，浑厚遒劲。这三块匾额均是清末"翰林四谏"之一的黄体芳赠送给陈成标的第四代孙陈观墀的。

四、洪福齐天

洪福齐天，洪福，即大福，亦作鸿福，明代沈采在《千金记·定谋》中说："上赖吾王洪福，下承阃帅成事有济。"明代冯梦龙的《东周列国志》也说："赖吾君洪福，屠岸夷已被吾等伺候于城外拿下，搜出其书。同事共是十人。"就是人们常说的"托您的洪福"的意思。齐天，指与天同高，民间称颂人福气极大，与天相齐，多说："洪福齐天。"一般用作对人的祝福之辞，旧时"洪福齐天"一词多是歌颂君王的固定祝颂语，元代关汉卿《西蜀梦》第二折说："这南阳排叟村诸葛，辅佐着洪福齐天汉帝王。"《西游记》第六十三回有："二郎道：'一则是那国王洪福齐天；二则是贤昆玉神通无量；我何功之有！'"蔡东藩《慈禧太后演义》第三二五回说："德菱道：照这样珍珠，是古今中外罕见的至宝。祖宗洪福齐天，所以得此异宝哩！"

传统吉祥图《洪福齐天》以蝙蝠为画面主题，多绘红色蝙蝠与祥云相连，取"红蝠"与"洪福"谐音，蝙蝠双飞，翱翔云天，象征福高与天齐，立意丰富，既有洪福，有远大前程，又享高寿，可谓洪福齐天。洪福齐天纹作为一种典型的瓷器装饰中的传统装饰吉祥纹样，指在器身上画许多满天飞舞的红色蝙蝠，有时也画在器口边沿，寓意洪福之高与天齐，清康熙矾红洪福齐天暗刻双龙捧寿纹盘，通体施白釉，折沿上矾红彩绘细密的蝙蝠纹一周，端庄而不失灵动，寓意万福云集，洪福齐天，盘心一周暗刻双龙纹，中央刻篆书团寿字，

◎ 光绪青花矾红洪福齐天荸荠瓶

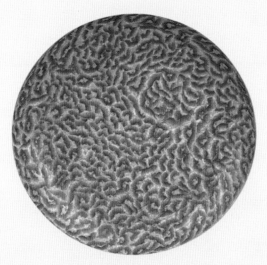

◎ 乾隆松石绿地矾红彩洪福齐天纹盘

◎ 光绪青花矾红洪福齐天盖碗

◎ 乾隆御用彩漆描金雕洪福齐天纹大攒盒

周围以龙纹及卷草纹相拥，是洪福齐天纹的典型作品。康熙乾隆以后各朝官窑也都喜欢用红蝠纹寓意洪福齐天。

清乾隆矾红彩洪福齐天葫芦瓶，瓶身葫芦形，葫芦取其谐音"福禄"，有福禄万代之意；口沿描金下绘如意云头纹，足墙上饰二方连续回纹；瓶身以矾红彩满饰红色蝙蝠纹，密不透风，飞满云天；矾红彩绘满红色蝙蝠，寓意洪福齐天、洪福祥集，符合乾隆时期"图必有意，意必吉祥"的特点，为清乾隆官窑精品。清乾隆松石绿地矾红彩洪福齐天纹盘，盘体用绿色绘天地，无数红蝙蝠翻飞其间，各具神姿，千面不同。

清光绪青花矾红洪福齐天盖碗，以矾红料描绘飞舞的蝙蝠为主题，辅助青花云纹，寓意洪福齐天。清光绪青花矾红洪福齐天荸荠瓶，口沿描金绘回纹、如意头纹，通体粉彩绘霓彩朵云及动态各异的近百只蝙蝠，绘工精细，色彩明丽，整器青花发色蓝艳，与红蝠交相

◎ 乾隆矾红彩洪福齐天葫芦瓶

辉映，具有强烈的装饰效果。洪福齐天纹在清代官窑瓷器上广泛应用，此类佳作数不胜数。

　　除了瓷器外，在清代工艺品装饰中洪福齐天纹也很常见，如清乾隆御用彩漆描金雕洪福齐天纹大攒盒，为宫廷祝寿用器，攒盒以木为胎，委角形盒身四壁与盒盖通体浮雕彩云漫天，九只硕大的红色蝙蝠上下翻飞，寓意九五至尊、洪福齐天；盒底正中高浮雕折枝寿桃，与盒盖图案形成通景的洪福祝寿图；盖内金漆彩绘牡丹、灵芝、竹叶等祥瑞花草，与攒碗底部和盒内底的金漆蝙蝠衔杂宝纹相互呼应；盒内以 14 个桃形攒碗合组成捧寿图案，攒碗以彩漆仿寿桃形状，碗口翻卷以成桃叶，攒碗底款为蝙蝠口衔方胜、古钱、"寿"字、犀角、珊瑚、宝伞等杂宝图案，与盒内底金蝠图案对应一致，设计巧妙，独具匠心。清乾隆白玉洒金带皮鸿福齐天山子，为白玉质，玉色白润带有饴斑，留有大部洒金带皮，山子山型高耸直立，直入云霄，留皮雕琢五只红蝙蝠，山下琢有灵芝，整器构思巧妙，琢工高超，为上等佳品。

明代红织金缠枝牡丹妆花纱绣"洪福齐天"方补女衣，形制为方领对襟宽袖，前后有方补，织金缠枝牡丹妆花纱地，经密每厘米 36 根，纬密每厘米 16 根，胸补平金绣"洪福"二字，下为双龙戏珠；背补平金绣"齐天"二字，两侧为双龙戏珠。许多画家也曾就这一画题以红色蝙蝠和祥云入画，如屈兆麟就曾画过多种《洪福齐天图》；在刺绣中也可看到这种吉祥图案，如民国湘绣《洪福齐天》等。这些都说明传统洪福齐天纹几乎无处不在。

五、万福来朝

"吉星高照朱华门，万福来朝佳气存。"万福来朝，作为多福的祝祷词，寓意吉祥，说的是所有的福运、福气都聚拢在一起，传统吉祥图万福来朝多绘无数红蝠，寓意洪福天降；又绘寿山福海，有寿如山高、福似海深之意。

万福来朝是一句人们常说的祝颂语，语出《诗经·小雅·桑扈》最后一章："兕觥其觩，旨酒思柔。彼交匪敖，万福来求。"大意是，在弯弯的牛角杯中，斟满的美酒色清香浓；贤者之间交往从不倨傲，万福来聚天下从风。这是在说正如性柔能使酒美一样，人不傲才就能福禄不断。

"求"在古汉语中可意为"聚"。清代王引之《经义述闻·诗·万福来求》说："《管子·七法》篇'聚天下之精材'，《幼官》篇作'求天下之精材'，是'求'与'聚'亦同义。"而"朝"是会聚在一起的意思，与"求"同义，"万福来求"为万福齐聚的意思，后来通常作"万福来朝"。

清代宫廷画家陈枚《万福来朝》图轴，款识："万福来朝。雍正四年十月三十日，臣陈枚恭画。"由款识得知，陈枚秉承皇帝的旨意，

◎ 陈枚《万福来朝图》

利用谐音以表现"万福来朝"的寓意，此图是恭祝当朝的雍正皇帝
49岁生日之作。作为祝寿图，陈枚不仅在醒目的位置绘制了象征延
年益寿的苍松，而且取"蝠"与"福"的谐音，绘制了祥云中密密
麻麻的无数只蝙蝠，迎着滚滚的潮水飞来，一起飞向苍松所在的仙山，
以此祝愿皇帝洪福齐天、万福来朝。慈禧太后也有《万福来朝图》，
绘海上仙山上站立一只仙鹤，口衔灵芝，仰望数以万计的红色蝙蝠
从天而降，寓意万福来朝，福运不断。

清代李斗《扬州画舫录》卷四"新城北录中"记载，扬州原天宁寺山门在今天宁门街南口，门前有华表、牌楼。牌楼高二十丈，上悬"朝天福地"额，俗称牌楼口，成千上万的蝙蝠栖息聚集在牌楼上，其地也因此被称为"万福来朝"。福州名山鼓山涌泉寺始建于后梁开平二年（908年），为福建五大禅林之首，山门左边是迂回曲折的甬道，两边都是红墙，墙旁有成对的石经幢，甬道半路矗立着一座木结构牌坊，四柱三门，牌坊上书"万福来朝"，牌坊前一对石狮子。浙江舟山普陀山仙人井在几宝岭下、百步沙北端石窟内，井深丈余，呈圆形，窟中夏日寒气袭人，冬天则温暖如春，窟口有一石门，上书"万福来朝"四字，门旁供有佛像。相传秦代安期生、汉代梅福、东晋葛洪曾来此炼过丹，民间称他们为"仙翁"，故名仙人井。江苏盐城紫云山有一座飞跨夹沟的万寿桥，36个栏杆分列左右，石刻各种图像和资助者姓名，桥的东西两侧，各有一对石雕龙头从桥底伸出，口含玉珠，吞云吐雾，四个龙头下有两副石刻对联，东边一联是："万福来朝，天台有路；胞舆为怀，众生普度。"西边

◎ 清万福来朝道光通宝天府蟾宫花钱

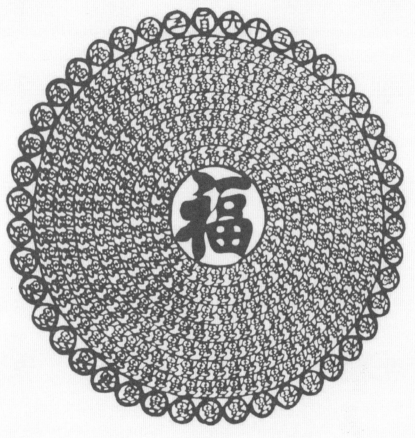

◎ 万福图

第三章 福字吉语

一联是："山寺云停傍三元而赐福，水流月涌证万象之皆空。"

苏州东山人建宅十分重视屋脊，认为屋脊的好坏关系到全家的安全和吉凶，所以要把屋脊做得精致美观，迎来吉祥如意，做脊仪式也非常隆重，泥水匠做脊时唱颂词："新做屋脊两头翘，今日万福又来朝；恩光降下千年富，运气东来今又到。"湖北恩施芭蕉侗族乡《上梁歌》也唱道："脚踏云梯十步，十全十美，万福来朝，儿孙代代穿紫袍……"

六、和气致福

"和气致祥"是中国民间流行的一句吉祥语，和气的意思是和睦融洽，宋代陈师道《南柯子·贺彭舍人黄堂成》词说："万家和气贺初成，人在笙歌声里暗生春。"《明成化说唱词话丛刊·开宗义富贵孝义传》说："衣服不曾分你我，家中和气不曾分。"中国传统儒家学说的核心是"和"的理念，世界要和平，社会要和谐，身体要平和。就国家而言，治理国家要政通人和、将相和，更需万众"和衷共济"；对一家而言，"家和万事兴"；对老年人来说，"和善心宽"胜似神仙；邻里之间"和睦相处"；生意场上"和气生财"；同事之间"和气共事"；因此，"和为贵"的理念极易被中国老百姓接受。如果用一个字来概括中华民族文化的特点和中国人所追求的审美理想的最高境界的话，那么这一个字便是"和"。

《汉书·宣帝纪》说："神光并见，咸受祯祥。"这里的"祥"就是"福"的意思。"和气致祥"又作"和气致福"，是说为人谦和可以带来吉祥和福气。《汉书·刘

◎清代陆润庠《和气致祥》

向传》说："和气致祥，乖气致异。"曹植《魏德论讴·谷》说："和气致祥，时雨洒沃。"明代洪应明《菜根谭》说："和气福厚。"并解释说："唯和气热心之人，其福亦厚，其禄也长。"意思是，只有那些性情温和、满怀热情的人，既肯帮助别人也可得到别人的帮助，所以他所获的福分不但丰富，而且他的禄位也会源远流长。

和气致福、和气致祥成为文人画家、民间艺术家喜爱的题材。清代黄山寿《和气致福》绘和合二仙笑迎福（蝙蝠）来。和合二仙原为民间象征家人团聚和合、平安幸福的团圆之神万回哥哥，在明末清初逐渐演变为象征婚姻和合、夫妻和睦的婚姻之神寒山、拾得。文人绘画、民间年画常绘和合二仙一持荷花，一捧圆盒，盒内盛满珠宝，并飞出一串蝙蝠，寓意福禄无穷，大吉大利。"荷"与"和"、"盒"与"合"谐音，意为"和（荷）谐合（盒）好"，象征福气和欢乐。

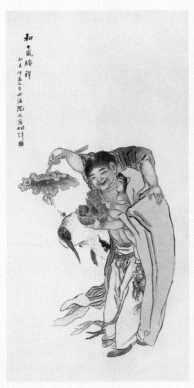

◎ 沈心海1927年作《和气致祥图》

◎ 清代黄山寿《和气致福》

◎ 中国丹霞谷《太阳图》石刻

清代钱慧安1893年所作的《和气福来》也是以和合二仙与蝙蝠构图，寓意和气福来。钱慧安的入室弟子沈心海也有《和气致祥图》。

民国大画家王震以和合二仙为画题，作过若干幅佳作，如1921年的《与喜同乐与福同德》图绘和合二仙笑脸逗着盒上站立的喜鹊，上方飞来两只红色蝙蝠。1924年所作的《和合致福》上有时年81岁的大画家吴昌硕款识："和为贵合之吉，吾道非常抱坚节。"并有王震款识："岁朝新春，大吉大利，富贵平安，万事如意。"另外还有1933年所作《和气致福》和1937年所作《和气福来》，这些佳作表现的主题都是"和气致福"。

中国丹霞谷景区望仙台上有一幅石刻《太阳图》，但笔者认为，以《一团和气图》命名可能更为恰当。这幅石刻的不同凡响之处就在于石刻的纸卷上没有写字，明清年画"一团和气图"中童子双手展示"一团和气"纸卷。为什么丹霞谷石刻的纸卷上没有写字呢？这正是设计者的高妙之处，童子身着绣花宽衣，胸佩"长命富贵"银锁，满脸喜气盈盈，双手展示纸卷，表达着和乐、吉祥和美好。但纸卷上什么字都没有写，这是留给后人来续写的，不同的人来观摩这幅石刻，都可以按照自己心中的意愿来续写，如做生意的老板图吉利，盼发财，可书写"和气生财"或"和气财丰"等字样；新婚夫妇多写"和和美美"或"和合万年"，表达夫妻生活恩爱和谐；人们还可以根据自己的意愿或续写"世代和睦"，表达人们之间关系融洽、团结和气；或续写"和气吉祥""和气致祥""和气生福""和气四瑞"等等，以此为企盼吉祥、和乐、圆满、致福的瑞图。

这幅丹霞谷石刻的母本是明成化皇帝朱见深《一团和气图》。朱见深刚登基时，面对前朝遗留下来的大量冤狱、诬告陷害成风、致使人人各怀疑虑的局面，出于对群臣万众一心的期望，他于成化元年（1465 年）六月初一创作了《一团和气图》，并制《一团和气图赞》，号召臣民"合三人以为一，达一心之无二，忘彼此之是非，蔼一团之和气"，包含着他对全国上下、朝廷内外安定团结的殷切

◎ 苏州桃花坞木刻　清雍正版年画《一团和气》复制品

◎ 清代砖雕一团和气　　　　　　◎ 雍正金丝楠木雕一团和气饰件

期待，此图流传到民间后，被世人赋予了团结和睦、和气致福的愿望，一团和气图案在摩崖石刻、建筑装饰、织物、民间年画作品上都经常可见。丹霞谷的这幅刻于清乾隆末年，是明确所见最早的此类石刻遗存，弥足珍贵。明清时期还有同类的砖雕和木雕存世，如明代砖雕一团和气、清代砖雕一团和气、清雍正金丝楠木雕一团和气饰件等。

　　清代苏州桃花坞木版年画《一团和气》，又作《和气致祥》《和气吉祥》，是桃花坞年画中一幅影响极深，流传很广的传统佳作，也是以朱见深的《一团和气图》为蓝本，属于祈福迎祥一类的作品，直接地表达了老百姓禳凶祈吉的美好心愿。图中央是头戴红花，扎羊角发髻，活泼天真，憨态可掬的稚童笑脸，身穿锦团服饰，头佩"日月同春"银锁，手捧"一团和气"卷轴，给人喜气洋洋、富足堂皇的感觉。在形象塑造上特意呈圆形，寓意圆满、和睦、致福，表达了人们盼望家庭和睦，生活幸福，诸事顺遂的美好愿望。

　　湖南滩头年画《和气致祥》是在借鉴了桃花坞年画《一团和气》的基础上，由年画艺人进行再创作后完成的，年画中的人物形象也源于朱见深的《一团和气图》，还运用了多种具有吉祥寓意的传统视觉语言符号，如宫灯、仙桃、佛手、长命锁、书卷、回纹等，宫灯作为一种装饰符号象征着团圆、喜庆和前途光明；仙桃象征长寿；长命锁有避祸驱邪、祝愿长命的含意。

七、福如东海

　　中国人常说："福如东海，寿比南山。"东海之水长流不息，"福如东海"就是比喻人的福气像东海一样浩大，是旧时最为流行的一句祝颂语。明代柯丹邱《荆钗记·庆诞》说："齐祝赞，愿福如东海，寿比南山。"明代康海《一枝花·寿王渼陂》套曲也说："寿比南山还草草，福如东海任朝朝。"民俗向来是福寿相连的，往往把祝福、颂寿连在一起，五福寿为先，有寿必有福，正所谓福如东海长流水，

◎ 嘉靖青花仙人故事长颈瓶

◎ 乾隆仿掐丝珐琅粉彩
福如东海双龙耳盖瓶

寿比南山不老松。

作为祝颂语，"福如东海"还多出现在各种工艺器物上，清乾隆仿掐丝珐琅粉彩福如东海双龙耳盖瓶，设计独具匠心，选取了古朴端庄、颇具古器遗风的造型，又以龙纹作双耳配饰，尽显皇家风范。最为别致的是双龙耳及盖子之圆钮皆以描金装饰，不仅色彩醒目，更有双龙戏珠的吉祥寓意。盖瓶通体以深宝石蓝为底色，在轮廓线内填饰各色釉彩，以矾红彩绘蝙蝠，以红、黄、孔雀蓝等色表现五彩祥云，波涛翻滚的海浪则以绿色表现，朵朵海浪中矗立着一块巨石，经过海水的撞击，激起点点水珠，岩石的静与海浪的动、蝙蝠姿态各异的飞舞，形成了强烈的对比，构成福如东海的吉祥寓意。清乾隆官窑绿釉福如东海笔架，也是蝙蝠纹与海浪纹组合在一起，寓意福如东海。

在传统门神中有一种求吉纳福的文门神，也叫天官门神，形象造型为天官装束打扮，头戴宰相展翅纱帽，脸白发长，五绺长须，腰系玉带，足登云头朝靴，袍色左绿右红，手中

◎ 朱仙镇木版年画《福如东海长流水》

◎ 北京故宫养心殿文门神福如东海

福——中国传统的福文化

第三章 福字吉语

◎乾隆官窑绿釉 福如东海笔架

托盘和头部上方"祥云仙气"中多绘有蝙蝠、如意、寿桃、佛手、灵芝、牡丹、仙鹤等，都是福寿富贵的象征，寓意天官赐福、福如东海。如北京故宫养心殿清代文门神福如东海，就是这类吉祥文门神的典型，一般多悬挂在宫内厅堂斋阁的门上，既有喜庆之气，又不失文雅。朱仙镇木版年画福禄寿，为两幅内容相同的对画，绘福禄寿三星和三个童子，画上分别有行书落款"福如东海长流水"和"寿比南山不老松"。

八、福寿三多

福寿三多，指多福、多寿、多子，典出《庄子·外篇·天地》，多福、多寿、多子一直是中国老百姓的美好追求和理想，这种愿望通过形象的实物得以表达，传统吉祥图《福寿三多》是用佛手、寿桃和石榴组合而成的纹饰，以佛手的"佛"寓意多福，以寿桃谐意多寿，以"石榴"谐意多子，三者组合，表现多福多寿多子的颂祷，明清时期最为盛行。

佛手，也称佛手柑，属于常绿小乔木或灌木，初夏开花，冬季果实成熟，色泽金黄，香气浓郁，形状奇特似手，千姿百态，妙趣

◎ 金梦石 1932 年作《三多图》

横生。明代李时珍《本草纲目》说："其实状如人手，有指，俗呼为佛手柑。"佛手柑的"佛"意味着佛，又与"福"读音相近，谐音取意，寓为幸福；又相传佛之手能握财宝，多财多宝也视为多福，故而，佛手为祈福纳吉的吉祥物。

桃树的花、果、木都与人们生活密切相关，早在《诗经·周南·桃夭》中就有"桃之夭夭,灼灼其华"的描写，桃花盛开是春的象征；桃木为仙木，"能压伐邪气、制百鬼"，俗信鬼畏桃木，故人们常在除夕设桃人立于门侧，以御凶辟邪驱鬼；桃实寓意为"寿"，传说西王母的蟠桃园里有三千六百株桃树，其中的一千二百株，紫纹细核，九千年一熟，人吃了可以与天地齐寿、日月同庚，长生不老，因此人们多以桃实代表长寿。

◎ 杨柳青年画《福寿三多》

石榴，为多子果实，中国以石榴祝愿多子，由来已久。据《北齐书·魏收传》记载，北齐文宣帝高洋到安德王高延宗的妃子李氏家中，祝贺安德王新婚，妃母宋氏给文宣帝呈献上两个大石榴，文宣帝问众人，人人都不知道是什么意思，于是文宣帝把石榴丢置一边。时任太子少傅的魏收说："石榴房中多子，安德王新婚大喜，妃母是在祝福安德王和李氏子孙众多。"文宣帝闻言大喜，忙叫魏收把石榴捡起来。石榴寓意多子，俗称"榴开百子"，后世相沿成俗。

佛手、桃子、石榴组合一图，寓意为多福、多寿、多子，世称"三多"，反映出人们对美好幸福生活的向往和追求。

中国古人常将多福、多寿、多子多孙看成人生的最大幸事，在民间年画作品中，也经常将人们这几种愿望结合在一起进行表现。杨柳青年画《福寿三多》绘一

◎ 杨柳青年画《福寿三多》

◎ 王震 1922 年作《多福多寿》

◎ 光绪青花开窗博古三多纹笔洗　　　　◎ 清代清花三多纹鸡心碗

个娃娃头顶寿桃，另一个娃娃手举牡丹花，娃娃体态丰腴、活泼可爱；花架上花盆里有万年青、灵芝、石榴等，上方飞来一只红蝙蝠，脚下有佛手、盘长、如意、金鱼等，汇集了众多吉祥物，色彩丰富，喜气吉祥，非常惹人喜爱。在另一幅杨柳青年画《福寿三多》中画娃娃躺在蕉叶上，背靠佛手，腿依石榴，一手抱寿桃，一手捉红蝙蝠，逗仙鹤嬉戏为乐。此类年画多以佛手、寿桃、石榴三种鲜果陪衬娃娃，以表现"福寿三多"的主题，反映出人们对生活希望有福、有寿，有子孙绕膝的美好愿望。

清末民初著名画家、海上画派代表人物之一的王震 1922 年所作《多福多寿》，是他写赠给亲家陈筱宝五十寿辰的祝寿作品，绘寿星仰望恭迎天上飞来的五只蝙蝠，童子站立身边肩扛寿桃，手握石榴，表现多福多寿多子主题，正如题诗所说："千年桃熟瑶池献，百子榴舒玛瑙鲜。福自天申堪艳羡，三多集庆启华筵。"

清代官窑瓷器上多见福寿三多纹，尤其是乾隆朝斗彩和粉彩瓷器。乾隆款斗彩福寿三多双耳扁瓶，壁绘佛手、寿桃、石榴福寿三多图案，色泽艳丽。光绪青花开窗博古三多纹笔洗，外沿口青花绘变形如意云纹，笔洗内绘青花圆形套方形，青花方形上绘有排列整

齐的"卍"字纹，洗心开窗菱形中彩绘福寿三多主题纹饰，是非常有特色的文房佳品。清代青花三多纹鸡心碗，外底心凸起如鸡心状，故名鸡心碗，口沿内饰回纹，内壁绘青花折枝石榴、佛手、桃纹，碗心绘青花双圈朵菊纹，口沿外为变形圈纹，近足处饰菊瓣纹，青花发色青翠浓重。

◎ 乾隆款斗彩福寿三多双耳扁瓶

第四章　福义的衍化

一、薄福、厚福与造福

　　早在战国时期秦相蔡泽就提出了"天下之盛福""国之福"
"家之福"的理念，对后世影响较大。据《史记·范雎蔡泽列传第
十九》记载，蔡泽说："主圣臣贤，天下之盛福也；君明臣直，国之
福也；父慈子孝，夫信妻贞，家之福也。"这一古训无论帝王还是百
姓都奉为圭臬。

◎ 清代黄地缂丝御笔"福"字

◎ 扬州吴道台宅第的测海楼

清代金缨纂辑了一部教诲人们求真、向善、趋美的《格言联璧》，其中论福格言，立言精深，警世醒心，精义妙谛，令人回味无穷。

明清时期流行的论福格言说："有工夫读书，谓之福；有力量济人，谓之福；有著述行世，谓之福；有聪明浑厚之见，谓之福；无是非到耳，谓之福；无疾病缠身，谓之福；无尘俗撄心，谓之福；无兵凶荒歉之岁，谓之福。"可见古人的福观念是多元化的，这些可被视为古人对"福"理解和追求的一种境界。古人认为福无处不在，如此种种之福，关键看你如何去求福。清代殷日戒说："我本薄福人，宜行求福事，在随时儆醒而已。"

如何去体味"福"？古人自有高见："无病之身，不知其乐也，病生始知无病之乐；无事之家，不知其乐也，事至始知无事之福。"人们身体无病时，感受不到快乐，等到生病时，才知道无病的快乐；家中平安无事时，感受不到快乐，等到祸事临头时，才体味到平安无事的幸福。为此，人们归纳为一句名言："平安是福。"所以古人认为："本无事而生事，是谓薄福。"无事生非，这是福运浅薄之人的作为。

薄福与厚福，事在人为。人们完全可以通过自己的行为去求福："薄福者刻薄，而福愈薄；厚福者宽厚，则福益厚。"福分浅薄之人，必定悭吝刻薄，会导致福分就更加浅薄。而福气深厚之人，必然敦厚宽诚，这样他的福气就愈发深厚。正因如此，既是福分浅薄之人，就应该多做些珍惜降福的善事。诚如格言所说："多积阴德，诸福自至。"也就是厚德载福德福双修的意思。人如果暗中多做善事，施德与他人，那么各种福分就会降临。

"悯济人穷，虽分文升合，亦是福田。"只要有善心，怜悯赈济穷人，即便是一文钱一升米，也是万顷福田。积福是人人都可以去做的事："贫贱尽可以积福，何必富贵？存平等心，行方便事，效法前人懿行，训俗型方，自然谊敦宗族，德被乡邻，利济之无穷，孰大于是？于福作罪，其罪非轻；于苦作福，其福最大。"

人在福中却作奸犯科，这是极大的罪孽，也就是身在福中不知福。而若能在贫苦处境里行善积福，这才是最大的福分。所以，清代张梦复说："人能处心积虑，一言一动，常思益人，而痛戒损人，必需为天地之所佑，鬼神之所服，而享有多福矣。"

"祸到休愁，也要去救；福来休喜，也要会受。"灾祸临头不要愁怨满腹，要学会补救；幸福降临不要喜不自禁，要学会受用。一味欢喜，福会变为祸，只有去受用，福才会无穷无尽。格言又说：

◎ 当代民俗艺术家吕国明所写"平安福"

◎ 清代姚燮冻石印章"厚德载福"

"天欲祸人，先以微福骄之；天欲福人，先以微祸儆之。"这里道出了祸与福的辩证关系。

有福要会享受，但万万不可坐享其成，要不断行善积福："现在之福，积自祖宗者，不可不惜；将来之福，贻于子孙者，不可不培；现在之福如点灯，随点则随渴；将来之福如添油，愈添则愈明。"享受祖宗遗留的福，就像点灯，随点随灭；传给子孙的福，就像添油，越添越明。不添灯油，灯火又能保持多久呢？所以要为子孙造福：士大夫当为子孙造福，不当为子孙求福：谨家规、崇俭朴、教耕读、积阴德，此造福也；广田宅、结姻缘、争什一、鬻功名，此求福也。求福者浓而短，造福者淡而长。

行善积德是真正的福源。"做人无成心，便降福气。"人如果没有偏执成见，必有福气降临。"执拗者福轻，而圆通之人其福必厚。"性情偏执拗戾的人自然福分浅薄，而圆通随和之人必然福分深厚。"谦抑盈满足福祸关"，这就是说是谦逊自抑，还是傲慢自负，这是人生福祸的关口。诚如格言所说的"饱肥衣暖，不知节者损福""莫把真心空计较，唯有大德享百福"，这些都是至理名言。

北宋胡则浮沉宦海40多年，足迹遍及大半个中国，所到之处，政绩斐然。如在福州知府任上，他连上三道奏章，终使福州地区官庄田税值减半，赢得了当地佃

◎ 于右任书法《造福人群》

户的感激和爱戴。胡则去世后，范仲淹为他撰写了长达1700字的墓志铭，颂扬他"为官一任，造福一方"，这是对胡则一生最贴切的评价，老百姓对他敬若神灵奉为胡公大帝，他成了"有求必应"的活菩萨，人们在每年阴历八月十三胡则生日那天举办各种民俗活动祭拜他，连毛泽东也对胡则大加赞赏，殷切期望党的干部都能向他学习。最耐人寻味的是一则警世格言："做官乃造福之地，而人们以为享福之地。"意思是做官的宗旨本是造福百姓，而不是为了自己的享受。

悠悠万事，民生为大，是造福百姓，还是自己享"福"害民，正所谓："造福，享福二念，居官者人鬼关头。"明代嘉靖年间，江南布政司参议钱嵘曾在宅门上撰写一联，并要求下属衙门都仿照张贴："宽一分民受一分，见佑鬼神；要一文不值一文，难欺吏卒。"意思是说，对百姓宽厚，必有鬼神保佑；向百姓勒诈，蒙蔽不了吏卒。这是一种出自良心的自慰自勉，但像这样耿介正直、造福百姓的官员却为贪污腐败的官场不容，任期未满，即遭罢黜，实在是对当时社会的一种讽刺。

二、知福与享福

清代石成金，字天基，号惺斋，平生喜好行善，慷慨施舍，著述等身，都是关于人情世事方面的著作，雅俗共赏。他有《知福享福说》一文，堪称含英咀华，金玉珠玑的智慧美文，特录如下：

人人俱有现在之大福，奈人人俱不知享受，致将难得之时光，因循虚度，深为可惜。但其所以不能享受之根源，总由于心不知足也。争名于朝，夺利于市，匆匆扰扰，举世尽从忙里老，是以能寻真乐而享真福者，何可得乎？若人能知足，则日日自做快乐神仙；若人人不知足，则日日自堕忧愁苦海。试想大卜万国九州岛，亿万人民，此一日，也不知有几多人忧愁困苦；又不知有几多人，刑狱流离，死亡病痛，岂不深可悲惨也耶！

幸我今日身不饥寒，又无病灾，安闲自在，即是极大之福，当感念上天之厚赐予我矣。予向撰有《真福谱》《快乐原》等书行世，奈甚冗繁，兹因删括十句，曰：福要人会享，会享就多福。思量饥寒苦，饱暖就是福。思量病痛苦，康健就是福。思量灾难苦，安乐就是福。切莫多妄想，轻抛现在福。此数语，当时时记之。

石成金此论福之说一出，便得到当时名流的赞许。张山来评论说："予与天基先生交往最契。见其家淡薄，性甚娱乐。今读其说，则知退想有法，非识之高而养之粹者，何足以解此？"李笠翁评论说："予平生著书虽多，大半劝人以及时行乐，若劝人行乐，非怵之以死亡不可。石天翁将普天下启蒙观苦难甚繁，出想成就尤高，可知境即平常，而亦享福多矣。"徐又存评论说："知福长福，惟能知福，则能享福，未有不知福而能享福者。然知福首在知足。细领天翁之说，则日日自做快活神仙矣。"

这以劝善积福为内容的人生日用智慧的美文，寓意深邃，启喑发聩，醒人醒世，耄耋蒙童，均能受益，可谓遗惠万众，堪称"度世金针"。

"知福享福说"的核心在于知足。

◎ 清代赵之谦隶书七言联

饱食暖衣无灾无病
清闲自在此是天上
神仙之福好快乐也
石成金

饱暖乐闲一日
是两日若一年
闲是百四十
年闲是七十
仿九十洲诗

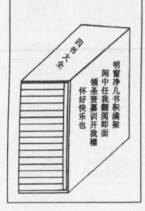
明窗净几书积满架
闲中任我翻阅即面
领圣贤嘉训开我襟
怀好快乐也

惟有福人
才肯读书
仿赵仲全笔

◎ 石成金《知足
享福图》

正如佛家醒世格言诗所说："世人得陇犹望蜀，常在福中不知福；知足胜服长生药，神怡梦稳老到头。"南朝刘宋范晔《后汉书·岑彭传》记载：东汉光武帝刘秀曾说："人苦不知足，既得陇，复望蜀。"这句话后来就演变为成语"得陇望蜀"，意思是形容得寸进尺，贪心不足。李白《古风》之二三也说："物苦不知足，得陇又望蜀。"可见世上自壮至暮，自贫至富，自贱至贵，没有几人能知足，因此，人人苦恼甚多，无福可享，心中时时刻刻有没完没了的事情，有了这还少那，忧愁苦恼，无休无止，有福在身边，也总不知觉，更谈不上去享受了。唯有知足之人，虽境遇有所不如意，只将更有不如意的做个对比，随时随地都觉快乐幸福。

明代张岱《快园道古》记载，明代江西金溪人胡九韶是大儒康斋的学生，得其师真传，过了一辈子的清苦生活，却安贫守道，自得其乐，他的诀窍就是：身贫少虑为清福。每天下午三点到五点的时候，他都要焚香磕头向天拜九拜，感谢上天又赐给自家一天清福。妻子讥笑说："我们一日三餐吃的都是菜粥，怎么能算清福？"胡九韶说："我一生有幸没遭遇战乱兵祸，又全家能吃饱穿暖，床上没有病人，出门没有官司缠身，这一切不是清福是什么？"这也是"清福"的由来。胡九韶对享福底线的概括，真是精辟全面：天下太平、衣食无忧、全家健康、社会和谐。正因胡九韶知足，所以他常得享乐享福，谢天赐福。

古人常说："能知足，受享人生千万福。"《老子》第四十四章提到："知足常足，终身不辱。"石成金归纳为："凡遇有不得意之事，试取其更甚者比之，心地自然清爽，此降火最速之方。古人有歌曰：'他骑骏马我骑驴，仔细思量我不如。回头又见推车汉，上虽不足下有余。'"近现代画家张生镛、张聿光、张石园等都据此画有《知足不辱》《知足常乐》《知足居图》等作品。

◎ 齐白石《清平福来》

每日清晨一炷香 谢天谢地谢
三光 所求衣食田禾熟但愿人今
寿命长 国有贤臣安社稷 家
无逆子恼爹娘 四方平静干戈
息 我若贫時也不妨 曾国藩

◎ 曾国藩自书打油诗

三、积善能成福

俗话说："文由于积学，福由于积德。"这是劝人多行善事，广积功德，以召福报，世上一些人常常找借口说："我没钱财，何能积德？"其实广积功德不在有钱无钱，全在于一点利人的良心，凡有利于他人的，全都是善事，善事时时处处都有，如果真心行善积德，则随时随处都有功德可积。石成金说："世人皆欲长寿富贵等类，但此诸福，未有不从种根而生者。盖言行有利于人者，俱为之方便，即俱为种福。兹非方便于人，实种福于己。"可见种福的核心在于劝人行善。

按石成金的说法，一个举止言行都存心有利于人，为他人提供方便的人，就是在为自己积德种福。每个人为他人提供一文钱、一撮米、一盏便粥饭、一碗便茶汤，或者拾去道路上砖石、敬惜字纸等等，这些都是易行的方便，只要你真的去做了，便是种下了福根。其实没有钱也可行方便，如排难解纷、指迷路、还遗物、抑恶扬善、劝至亲和睦、力阻一切损人害人之事、常恕人之不是、不谈人闺间、和息词讼、遇人执迷导以归正、见人忧愁喜宽慰、戒人淫邪、贫士尽心教授生徒、白人冤、避人忌讳等等，这些都是不费钱的方便。

◎ 清末"积善之家必有余庆"铜墨盒

救焚拯溺、施夏茶冬汤、矜恤流离孤寡残疾、施药，都是救急方便。上述种种方便，实为种种功德，不但有利益于人，而且大有利于己，正所谓"与人方便与己方便"。石成金把这些称为"种福根"，就是积善行德，才有福缘。

常言道："与其为无益以求冥福，不若为有益以济生人。""能积实可据之德，必有实可据之福"，说透了，福由自致。随时随处多做一些善事，便是广积功德，便能成事享福。

旧时流行一句名言："平民肯种德施惠，便是无位的公相；仕夫徒贪权市宠，竟成有爵的乞儿。"明代洪应明在《菜根谭》中就收录了这句名言，说的就是"福由于积德"。富贵之人更应行善积德，

◎ 李鸿章行书

◎浙江嘉兴西塘古镇种福堂

古人说："有福不可享尽，有势不可倚尽。"富人要周贫济乏，救患恤灾；贵人要乘时布德，量力行仁。宋代理学大师程颢说："一命之士，苟存心于利物，于人必有所济。"这就是富贵之人的行善积德了。《易经》也说："积善之家，必有余庆。"意思是说行善积德之家必定招来福运。

石成金曾为世人开出行善积德的方子，认为随缘济众的种类繁多，归纳起来大致有十类：第一，与人为善。第二，爱敬存心。第三，成人之美。第四，劝人为善。第五，救人危急。第六，兴建大利。第七，舍财作福。第八，护持正法。第九，敬重尊长。第十，爱惜物命。尽管善行无穷，不能一一尽述，但只要由此十事做起并推而广之，则万德可备，苍天降福亦厚。这是教人怎样积德种福，所以积德种福，要从我做起，从现在做起，从一点一滴做起，唯有如此，必将有福运降临。

四、身在福中要惜福

古人依据自身生活经历和感受，对什么是福，有许许多多的理解。石成金对此加以搜集整理，形成了《天基福谱》。《天基福谱》说：

心宽性怡，快乐就是福。

无病无痛，康健就是福。

布衣蔬食，能食就是福。

茅屋竹篱，安稳就是福。

天伦家和，团聚就是福。

兵戈不扰，太平就是福。

家门清洁，宁静就是福。

书酒花月，领略就是福。

明窗净几，闲逸就是福。

绳床草榻，鼾眠就是福。

人人眼前有福甚多，全在人自己享受。如何享受眼前的福祉，古人自有秘诀：

会享福，安分常知足。

空想机谋，自寻恼苦。

会享福，少思少色欲。

保固精神，长寿无病。

会享福，好书随时读。

广我知识，开我襟怀。

会享福，治得家和睦。

满户安稳，熙暤致祥。

会享福，醉歌田舍曲。

◎ 近代书法家马衡金文："自天降康，乐人无竞；如川方至，受福既多。"

福——中国传统的福文化

第四章 福义的衍化

95

怀酒俚唱，欣然自怡。

会享福，居住朝南屋。

冬暖夏凉，极好受用。

会享福，清晨一碗粥。

滋润五脏，调养妙法。

会享福，鼾鼾一觉宿。

眠思梦想，劳神损寿。

会享福，隙地栽花竹。

悦目娱情，时领生趣。

会享福，不用油惰仆。

下人勤读，省事免忧。

古人常有劝世之语，要知福惜福，就要禁止种种过衍，要做到"不暴殄天物，不爱奢华，不过求全备，不想非分，不作践五谷，不杀

◎ 山东省龙口市丁氏故宅履素堂正厅

害生命"。

如何惜福，民间福谱多有精彩论述，治家惜福说："子养亲兮弟敬哥，守己安分福常多。一勤天下无难事，百忍堂中有大和。"教子惜福说："子孙享用不须丰，省却前头后自隆。锦缎做衣绸做裤，折他福分一生穷。"古人治家教子十分注重惜福，清代袁赋诚在《睢阳尚书袁氏家谱》中说："（明代袁可立）家虽丰腴而自处约素，常以惜福教家。"山东省龙口市丁氏故宅的爱福堂正厅有清代书法家慎毓林所书文渊阁大学士刘纶联语："惜食惜衣，非为惜财当惜福；求名求利，但须求己莫求人。"意思是：珍惜衣食，不为吝惜钱财，而是视作珍惜幸福；追求名利须靠自力更生，切莫求人施舍，主要是教育启迪子孙后代要惜福，努力奋斗，不要等靠别人。清代内阁学士、吏部尚书贾桢深谙丁氏兴家之道，亲撰一副楹联挂在履素堂正厅，联云："勤俭持家，能遵祖父诒训便为世业；诗书宜兴，莫使

◎ 1927年曾熙对联

◎ 王伯敏《人在舟中知福乎》

子孙废读即是福基。"丁家是把勤俭、积德和读书作为家训告诫后人，尤其把读书视作"福基"，反映了丁氏家族的治家、处世之道和幸福观。

民间福谱还这样告诫人们说：福生于清俭，祸生于多贪。认为"俭"之一字，众妙之门。无求于人，寡欲于己，可以养德，可以养志，可以养廉，可以养福。此乃"俭"之一字的许多受用。古人俗信：有福莫享尽，福尽身贫穷。富盛时，须要惜福；穷衰时，须要守分。惜福安分，贫人富人都不可少。古人有治家福谱说："有福有智，能勤能俭，创家者也；有福有智，不勤不俭，享成者也；无福无智，不勤不俭，败家者也。"所以古人说："富之根本全在勤俭，贵之根本全在读书，喜之根本全在和顺，福之根本全在循理。"又说："肯勤俭，必然致富；肯读书，必然发贵；肯和顺，

◎ 彭旸《增福添寿》

第四章 福义的衍化

必然生喜；肯循理，必然享福。"更有这样的说法："不勤俭，难免饥寒；不读书，难免下贱；不和顺，难免离散；不循理，难免祸害。"

民间福谱还常常在训诲中表现出为人处世的人生哲理。如劝平常人说："处世，让人一步为高，退一步即进一步的张本。待人，宽一分是福，利人实利己的根基。"劝诫官吏则说："宽一分，则民受一分之福，省一事，则民少一事之扰。"

宋代徐守信的《绝句》说："汲汲光阴似流水，随时得过便须休。儿孙自有儿孙福，莫与儿孙做马牛。"民间福谱多取徐诗后面两句，明代《增广贤文》就录有此语，意思是子孙后代自有他们自己的福运，长辈不要一辈子给他们当牛做马，总是操心不下。清初朱云从写有《儿孙福》传奇剧本，说淮阴人徐小楼生有子女共五人，因贫困急迫，外出行窃，先以木人头从墙洞探虚实，被人发觉，痛遭殴辱，投水自尽，为山僧所救，留在寺中，家人以为他已死。后朝廷选秀女，徐女入宫，册封为皇后，子亦显贵，来寺中设法会追荐亡父，得与徐小楼相见，一家人得以团聚。徐小楼下山时，山僧送他一首偈子："二十年前徐小楼，被人砍去木人头。儿孙自有儿孙福，莫与儿孙作远忧。"

清代陶在庵有《十福歌》，依次排列了十种福：一家上下要和睦，勤俭持家衣食足，子孙书声相继续，度量宽宏眉不蹙，乐天知足无营逐，身体安康无拘束，茅舍竹篱幽径曲，架上图书几千轴，义理生心无翻覆，偕我同仁正风俗。陶在庵总结说："知是福，还增福"。如此种种福歌，反映了古人对福的理解和对福的享受，其中的意味令人玩味三思。

五、吃亏是福

明代四大高僧之一、安徽全椒人憨山大师所作脍炙人口的禅诗《醒世歌》中说："吃些亏处原无碍，退让三分也不妨。"清代钱泳的《履园丛话》说："吃亏二字，能终身行之，可以受用不尽，大凡人要占些小便宜，必至吃大亏，能吃些小亏必有大便宜也。"清代郑

◎ 郑板桥《吃亏是福》拓片

板桥更有一句精辟的至理名言："吃亏是福。"这些可被视为古人对"福"理解和追求的一种高境界。经过漫长时间的过滤和锤炼，在今天这个浮躁喧嚣的年代里，仍然为很多智者所推崇，成为智者的处世之道,在某种意义上不能不说"吃亏是福"是超越时代的大智慧。

为什么说吃亏是福？吃亏明摆着是受损失，怎么会是福呢？听起来是一种悖论，却蕴涵着深刻的哲理。佛家认为，深信因果的人是不会贪图占别人便宜的，这样的人知道将来会因眼前所占的便宜，必定付出重大的代价。所以，以长远的眼光来审视，占别人的便宜，其实就是自己吃大亏。深信因果的人还通常愿意自己吃眼前亏，而把好处让给别人，他们懂得吃亏对自己的将来大有益处，不但可以使别人欢喜，更可以借此机会砥砺自己坚忍和仁慈的品德，从这个角度来说，吃亏就是占便宜，眼前所吃的亏将来能得到更大的福报。这种观念对于促进社会的和谐也是很有好处的，所以说能吃亏是做人的一种境界，会吃亏是处世的一种睿智，乐于吃亏更是一种人格上的升华。在物质利益上，不是锱铢必较，而是宽宏大量；在名誉地位面前，不是先声夺人，而是先人后己；在人际交往中，不是唯我独尊，而是尊重赏识他人，能如此这般以吃亏为乐，势必也会赢得人们的尊重和赏识。

郑板桥对"吃亏是福"作了这样的解释："满者损之机，亏者盈之渐,损于己则益于彼。外得人情之平,内得我心之安；既平且安,

◎ 邓散木书法《吃亏是福》

福既在是矣。"寥寥数语道出了他的人生观和幸福观：骄傲自满是遭受损害的关键，忍让吃亏才能得到圆满理想的效果。处理事情要自己吃亏，让对方得益，如果做到了这一点，就会使别人感动，不至于引起愤愤不平，而自己内心也可以安然舒畅、得到平和与安宁。这样一来，与他人融洽相处，没有了对立面，自然心情沐浴在安宁欣慰之中，这种福是最难得的。

"吃亏是福"并不是低层次自我安慰的阿 Q 精神，而是有着深层的求福的思考，其实，肯吃亏也是郑板桥做人的一种品质，这种品质为他赢得了某种福分，官场失意的他却得到百姓怀念，"家家画像以祀"，因亏得福，这也是一种大福分。

郑板桥在《书七绝十五首长卷》中有一首诗写道："得福常兼祸亦轻，坦然无畏复无惊。平生秘诀今相付，但向君心可处行。"这首诗将生活中的福祸关系剖析得入木三分，体现了一种辩证思维，在一定程度上承袭了老子"祸兮福之所倚，福兮祸之所伏"的辩证观点。俗话说："吃得亏中亏，方得福外福；贪看天边月，失落手中珠。"做人要能吃得亏，过于计较，得失心太重，反而会舍本逐末，丢掉应有的福分。能够吃亏的人，往往是一生平安，幸福坦然；不能吃亏的人，总是在是非纷争中斤斤计较，势必要遭受更大的灾难，最终失去的反而更多。

徽商胡时虎"瑞玉庭"古宅有一副错字联："快乐每从辛苦得，便宜多自吃亏来。"在书写时，上联的"快"字上少了一竖，"辛"字上多加一横，意思为少一些快乐，多一份辛劳；下联的"多"字少了一点，"亏"字多添了一点，寓意多付出一份辛苦，就能多一分收获，多吃一点小亏，往往能赚大便宜，告诫后人做人经商要勤奋、要厚道，细细品味真是字字如金，这是一位成功商人经营与处世哲学的人生体味。

晋商乔致庸把"学吃亏"作为家训刻在大院的门匾上，学做人先学吃亏，这是他对儿孙的教诲，乔家生意能维持六代，也与实践这种精神有关。同属晋商的王中极建了一座"平为福"院，院门楹联说："宽宏大量肯吃亏不是痴人，寡欲清心能受苦方为志士。"横

◎ 山西祁县乔家大院四号院门楣刻匾"学吃亏"

批："平为福。"意思是，人如果宽宏大量，愿意吃亏不见得就是傻子；只有寡欲清心，肯耐劳吃苦的人才是有志之士。所谓"平为福"，就是在平静的家庭环境中，拥有平和的心态，做平凡人，做平常事，平平安安地过一生就是福，楹联表达了王家人拥有平和的心态，这就是一种福的理念。

第五章　福神崇拜

　　中华民族是一个崇尚福、追求福的民族，自古就有祈福盼福、崇福尚福的习俗，于是福神应运而生，人人虔诚礼拜。每逢春节时，人们更是敬祀福神，迎福纳吉，祈盼五福临门，福运绵长。

　　福神源于福星。福星本为木星，又称岁星。古代称木星所在有福，故奉为福星。早在唐代以前，人们就奉祀木星为福神。古时占星家认为：五星中的木星是吉星，当木星运行到某个地区上空，地面上与之相对应的州国就会五谷丰登，国泰民安。《太平御览》卷七"天部七"引《天官·星占》说：岁星照耀的国度，赐福于君王，保佑他政权稳定，天下安宁，没有战争。占星家们进而引申为："岁星所照，能降福于民。"唐诗中就多有提到福星，李商隐《无愁果有愁

◎ 唐代梁令瓒《五星二十八宿神形图卷》中木星图

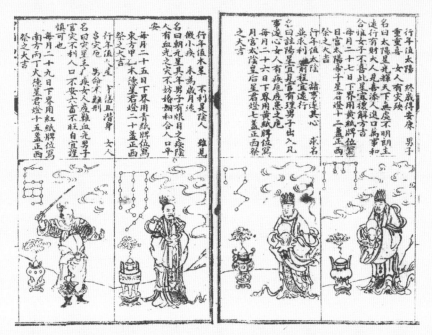

◎ 清光绪刻本东晋许真君《玉匣记》中《九曜星君值男女命根图》

曲北齐歌》诗中提到了福星："东有青龙西白虎，中含福星包世度。"罗隐《汝州李中丞十二韵》也有"官品尊台秩，山河拥福星"的描写。

木星之所以又叫岁星，是因为古人认为木星自西向东绕太阳运行，十二年运行一周天，古人划分周天为十二个部分，以木星所在的部分作为岁名，依次为星纪、玄枵、诹訾、降娄、大梁、实沉、鹑首、鹑火、鹑尾、寿星、大火、析木十二年份。所以古人把木星叫作岁星，这种纪年法是中国最古老的纪年法，叫岁星纪年，春秋时期多以此纪年，《左传·哀公三十年》说："岁在降娄。"东汉末年黄巾军起义的口号中有一句"岁在甲子，天下大吉。"木星还有许多别名，东汉张衡又称木星为摄提、重华、应星、纪星。

五代孙光宪《北梦琐言》卷第十六"木星入斗"条记载了一个有趣的故事，唐干符六年（879年），唐僖宗以王铎为侍中、荆南节度使、诸道行营都统，封晋国公。时逢木星侵入南斗六星的位置，许多天也没有退回去。王铎观察到这种奇怪的星象，便询问诸位懂得星象的人这种现象是吉还是凶，众人都说："金星、火星、土星侵入南斗星的位置便是灾祸，唯独木星侵入是福兆。"

旧时民间盛行一时的择吉书东晋许真君《玉匣记》中有《九曜星君值男女命根图》，所谓九曜是指太阳、太阴（月亮）、金星、木星、火星、土星、计都星、罗侯星。中国的星命家把九星和人的年岁相配合，用以推断祸福吉凶，其中木星图注说："每月二十五下界，用青纸牌位写'东方甲乙木德星君'，灯二十盏，正西祭之，大吉。"古人把五行和天干配合，赋予天干以五行属性，如木——甲乙，火——丙丁，土——戊己，金——庚辛，水——壬癸，故木星有"东方甲乙木德星君"之名。星命家还说：此星人命喜燃灯，保汝平安福寿增。男女行年宜解祭，九星下降要虔诚。凡人生命行年，值"东方甲乙木德星君"，按下界日期，虔诚斋戒，燃灯祭之，士人加官进禄，商贾利增百倍，妇人求子得子，总之，木星为福神，祭拜木星，福神当降大福于人。在科学更加进步的今天，我们应该从辩证的角度出发，客观地看待这些古代的朴素观念。

二、阳城——人间第一福神

古代奉木星为福星，但老百姓没有把自己追求幸福的愿望仅仅寄托在那虚无缥缈的星辰之上，而是将福星人格化，说唐代的阳城是福神，《三教源流搜神大全》卷四记载的故事说是汉代道州刺史杨成。道州刺史抵制进贡矮民，历史上确有其人其事，但不是汉代的杨成，而是唐代的阳城。

《新唐书·阳城传》记载了阳城的生平事迹。阳城是唐德宗时进士，中唐时颇有名气的直臣，官任谏议大夫，为人耿直，曾冒死上书为陆贽等人辩诬，斥责裴延龄为奸佞，触怒了皇帝，欲治阳城死罪，皇太子（即后来的唐顺宗）出面营救才免于一死，被贬道州。阳城上任后做的第一件事，就是为道州百姓废除了向朝廷进贡侏儒的恶俗。道州这个地方进贡的土特产十分奇特，那就是身材矮小的侏儒，每年都要选出一些送到朝廷当作玩物，满足皇帝荒唐的需求。

阳城到道州时，正逢地方强征侏儒送往京都的日子，到处一片生离死别，哭声震天，惨不忍睹。阳城顿起怜悯之心，立即上书皇帝，提出取消进贡侏儒惯例。他说，查询历代典章制度都没有地方必须上贡矮奴的规定。即便道州有身材矮小的百姓，他们也只是矮民，而不是什么矮奴。在他的一再坚持之下，进贡侏儒的事从此作罢。

老百姓从心底感激阳城这位父母官，敬奉他为福神，并建庙供奉，因为阳城免去了恶俗，使道州百姓家人团圆，重获幸福。阳城敢于抗争，救州民于水火，造福地方百姓，该当称为福神。白居易曾写有《道州民》一诗，专门赞颂阳城的善政功德："道州民，多侏

◎ 明刊本《三教源流搜神大全》之福神阳城

儒，长者不过三余尺。市作矮奴年进送，号为道州任土贡。任土贡，宁若斯？不闻使人生别离，老翁哭孙母哭儿。一自阳城来守郡，不进矮奴频诏问。城云臣按六典书，任土贡有不贡无。道州水土所生者，只有矮民无矮奴。吾君感悟玺书下，岁贡矮奴宣悉罢。道州民，老者幼者何欣欣，父兄子弟始相保，从此得作良人身。道州民，民到于今受其赐，欲说使君先下泪，仍恐儿孙忘使君，生男多以阳为字。"

古时称廉政爱民、施恩德于民的父母官为福星，衡量标准就是看他在执政期间，能否为百姓谋福利，百姓能否安康，这就是为官一任，造福一方，这个"福"字就意味着让老百姓得到真正的实惠。道州老百姓感激阳城的恩德，生了男孩多以"阳"为名，用自己特有的方法来纪念这位父母官。

三、镇宅福神魏徵

过去人家住房大多是独立的单元，有前门和后门，两扇门都有门神，这后门门神就是堂堂正正的骨梗之臣魏徵，人们的意思是，要让这个铁面无私的大唐老臣来堵住后门，这是浙江宁海民间对后门门神的一种阐释。北京也有专门镇守后门的门神，贴在家宅后门的单扇门上。旧时北京、开封的年画印制品小幅《镇宅福神》，就是供贴后门的门神。

让历史上大名鼎鼎的唐代名臣魏徵专门镇守后门，称为镇宅福神，这与《西游记》关系密切。《西游记》第十回写贞观时期，长安附近的泾河老龙王化作一个秀才和一个算命先生打赌，为了赢得此赌，在接受玉帝圣旨之后，擅自把下雨的时机和雨点数改变了，结果触犯了天条，罪该论斩，玉帝派魏徵为监斩官在午时三刻监斩。泾河老龙王为求活命，在前一天恳求唐太宗为他说情。唐太宗满口答应了，第二大，唐太宗便宣魏徵入朝，并把魏徵留下来，同他下围棋，想稳住魏徵。没想到魏徵下着下着，正值午时三刻的时候，突然打起了瞌睡，昏睡中魂灵升天，挥剑将泾河老龙王斩了。泾河老龙王的鬼魂自觉委屈，抱怨唐太宗言而无信，阴魂不散，天天夜里进入内宫找唐太宗哭冤索命，闹得唐太宗六神不安。魏徵知道皇上受惊，就派了秦琼、尉迟恭这两员大将，守在宫门保驾。泾河老龙王的鬼魂不敢从双铜双鞭下走过，便转至皇宫的后宰门呼号纠缠，砸砖碎瓦，又搅得唐太宗彻夜不宁，如此二三日，又听到后宰门乒乒乓乓，砖瓦乱响，第二天急宣众臣说："连日前门幸喜无事，今夜后门又响，却不又惊杀寡人也。"徐茂公进前奏道："前门不安，是敬德、叔宝护卫；后门不安，该着魏徵护卫。"唐太宗准奏，又宣魏徵今夜把守后门。魏徵领旨，当夜结束整齐，提着那诛龙的宝剑，

◎ 清代北京年画《镇宅福神》

侍立在后宰门前，果然"一夜通明，也无鬼魂"。于是，魏徵成了守卫后门的守护神。浙南民间画师觉得魏徵一个人守门太孤单了，也有点太委屈了，于是请来徐茂公作陪，因为他"站着说话不腰疼"，给唐太宗乱提建议让魏徵去镇守后门。

◎魏徵斩龙花钱

无论是《西游记》的故事，还是民间传说，都反映了民情民意。魏徵本是大唐开国著名文臣，而吴承恩将他比作神荼、郁垒，说成是令邪祟望而生畏的守门神。民间就据此画魏徵像作为后门的门神。在年画艺人笔下，这位镇宅福神形象却是一身戎装，仗剑怒目，完全是一派英雄气概。清代北京年画《镇宅福神》，画面是魏徵持剑坐像，赤面五绺长髯，披袍挂甲，怀抱利剑，端坐于神椅上，为贴单扇后门的门神。还有一种民间年画《镇宅福神》，画面正中为镇宅福神，右为镇宅狮子，狮子威猛辟邪，故以镇宅，左有"福"字及鹿驼元宝，意思是福禄财宝齐来，新年用此辟邪迎祥。这种形象特征多半是基于商家店铺深恐"前门进财，后门漏出"的心理，所以魏徵像多贴在商贾之家或农村院落后门上。

四、真武大帝是怎么成福神的

宋代民俗以真武大帝为福神。南宋洪迈《夷坚志补》卷二十四记载，民间悬挂"真武画像于床头，焚香祷请，盖福神之应云"。洪迈《夷坚支志》景卷三还记载了真武大帝的形象，宋孝宗时进士叶方曾得到一张旧画，"画真武仗剑坐石上，一神将甚雄猛，持斧拱立于旁，后书道子两字"。洪迈疑是唐代吴道子所画。不管是不是吴道子手笔，但这该是早期真武大帝人格化画像。在此基础上，真武大帝形象在宋代已形成定格，南宋赵彦卫的《云麓漫钞》卷九称，当时的道士绘真武大帝像"为北方之神，被发黑衣，仗剑蹈龟蛇，从者执黑旗"，后世为真武大帝造像均以此为标准。

真武大帝作为道教大神之一，是由古人的星辰信仰发展而来。二十八宿的北方七宿为斗、牛、女、虚、危、室、壁，组形如龟与蛇，

◎ 泰山岱庙典藏神仙画清代真武大帝

故称北方玄武。道教兴起之初，把玄武与苍龙网罗为道教的护法神，只是普通小神而已。从宋初开始，玄武异军突起，逐渐成为道教大神，这全得力于宋真宗自导自演的一场戏。北宋初年，赵姓皇帝想要认一个显赫的老祖宗，于是宋真宗臆造出了一个阔祖宗。有一天，宋真宗忽然煞有介事地对大臣们说，他做了一个梦，梦见玉皇大帝派神人降旨，让老祖宗传授给自己天书。这位始祖是上古九位人皇之一，名叫赵玄朗。这是宋真宗骗人的鬼话，大臣们却坚信不疑，欢庆"神降天书"。宋真宗便郑重布告天下，又为这位根本不存在的赵姓始祖加号曰："圣祖上灵高道九天司命脉保生天尊上帝"。为了避赵宋圣祖赵玄朗讳，"玄武"只得改称"真武"。宋真宗对被迫改了大名的真武并没有忘记，大中祥符七年诏封真武为"镇天真武灵应佑圣真君"，道士们为了逢迎皇帝，把曾是兽形星辰之神的玄武形象，塑造成一位修行得道的大仙。从此，道士们为抬高真武大帝身价，苦心孤诣地为其编造了种种神圣的履历。《道义·洞神部·玉诀类·太上说去天大圣真武本传神咒妙经》卷一记载说：真武因为奉命亲至人间协助周武王伐纣平治社稷有功，被册封为玄武，加号太上紫皇天一真人、玄天上帝，领九天采访使职，天称九帅，世号福神。

到了宋代，商业发达，市民阶层崛起，需要一个能保佑他们经商发财的神灵，宋代道经称真武大帝"世号福神"，不只是勇猛大力的护法，也是"治世福神"，能赐福给一切众生，保佑经营手工业和商业的人发财致富，这正适应了市民阶层的信仰需求。在皇室推崇真武大帝的同时，民间也开始流行对真武大帝的崇拜。真武大帝从皇朝和道教崇拜的守护神，变成了无所不能、有求必应的福神，基本上什么事情都可以去求真武，甚至于送子这种事情真武大帝也管，当时北宋首都汴京市民信奉真武大帝的人多达十之七八，足见真武大帝信仰的广泛性，几乎人人信奉他，家家供奉他的神像。

明前期佚名《真武灵应图册》中《复位坎宫图》主要描绘了真武复位坎宫的情景。图中真武大帝披发跣足，端坐于坎宫正中的高

◎ 明前期佚名《真武灵应图册》中镇河兴福

背大椅上，左边的周公和右边的桃花女端庄安详地侍立两侧，玉阶的左边一神将手执皂纛玄旗，右边的大将手执驱魔宝剑，左右护卫。玉阶下的男女老幼跪地朝拜，在虔诚祈求着福神真武大帝的恩典，这是宋代老百姓朝拜福神真武大帝的写照。《真武灵应图册》中《镇河兴福图》描绘任悦奉旨到秦凤路军做安抚官，路过潞州渡黄河途中，突然遇大风大雾，船只将覆，于是就对天祭拜真武大帝，顿时风平浪静，任悦一行人看见福神真武大帝显灵于空中。皇帝听说此事后，下旨在潞州重建真武大帝殿宇，御赐"镇安兴福"匾额，永作香火祀典。

五、天官赐福

在民间流传最广的福神当是天官。老百姓按照自己的愿望和需求请出了一位新的福神，把纳福迎祥的愿望寄托在天官身上，于是，道教神系中的天官后来居上，成为公认的赐福天官。

三官信仰是道教信仰之一，天官、地官、水官是道教崇拜的神祇，道家宣称天官赐福、地官赦罪、水官解厄，分别掌管赐予福运、宽恕罪恶和消解灾难的职能。三官中以天官为尊，为三官之首，即道教中的上元一品天官赐福紫微大帝，专司降福于人间，是福神的

◎黄山寿《天官赐福图》

◎ 禹之鼎《天官赐福》

象征，因此，人间祭祀天官以祈求美好生活的降临。在老百姓的心中，天官能赐福天下、赐财众生，是司掌人间幸福、财富最大的一个福神，于是老百姓隆重地奉祀天官，祈求天官赐福，天官高坐把福施，吉星高照喜临门。

民间流传最广的说法，是《三教源流搜神大全》卷一记载的故事。说的是有个人名叫陈祷，又称陈郎，为人聪明英俊，与龙王三女自结为夫妇。婚后有三个儿子，个个都是神通广大，法力无边。天尊见他们都有神通广法，显现无穷，遂封为神。老大是正月十五生的，封为上元一品九气天官紫微大帝；老二是七月十五生的，封为中元二品七气地官清虚大帝；老三是十月十五生的，封为下元三品五气水官洞阴大帝。三官的封号又为上元一品天官赐福紫微帝君，中元二品地官赦罪青灵帝君，下元三品水官解厄旸谷帝君。此说就很符合人们将神人格化的愿望。

三官信仰源自原始宗教中对天、地、水的自然崇拜，据《三国志·张鲁传》注引《典略》记载，东汉时早期道教五斗米道，吸取了原始宗教信仰，奉祀天、地、水三官为主宰天上人间祸福的大神，在其祷祝术中，尤其强调对三官的崇拜。五斗米道祷祝时将病人的姓名和服罪的意思，写成一式三份的文书，一份送达天上放置在山上，一份埋在地下，一份沉在水里，这叫作"三官手书"。1982年5月，河南省登封县一个农民在嵩山峻极峰顶石缝中，发现一个唐代武则天时的金简，内容是祈求三官为武则天免罪降福的。1994年，在南岳衡山也发现宋徽宗时投在山崖上的内容相近的金简。这些事实正是道家放置在山上向天官求福的印证。到了宋代，将三官与三元联系起来，《宋史·方技传》卷六记载："三元日，上元天官、中元地官、下元水官，各主录人善恶。"三元分别是上元正月十五、中元七月十五、下元十月十五。故又称三官为三元，有三元大帝之称。

天官赐福的标准形象在宋代就已经成型。据北宋《宣和画谱》记载，画家陆晃有《天曹赐福真君像》，这或许就是后世"天官赐福"图的滥觞。"天官赐福"是历代画家十分钟爱的画题，尤其是清代画家如禹之鼎、包栋、任颐、黄山寿、倪田、王素等等，都留下了许多佳作。这也是民俗年画中的重要内容之一，旧时有多种多样"天官赐福"吉祥图或年画，如绘天官作一品大员模样，身穿大红官袍，五绺长须，慈目笑脸，手持展开的"天官赐福"诰封，又有蝙蝠从天上飞来，喻义上天降福，人间得福。或绘面容慈祥的天官怀抱如意，身旁围绕五个童子，手中各有吉祥物，喻义天官赐福，受福之人吉祥富贵、遂心如意。或绘五绺长髯的天官，手展"天官赐福"的诰封，前有招财童子、利市仙官分列左右；后有两仙童各擎一写着"福寿双全"的彩绣流苏，色彩华丽，充满了福运和财气。还有一种天官图，天官头戴相貂，身着蟒袍，手托海水与福字，取义"福如东海"。旧时一般将此类画像贴在大门上或厅堂里，以祈求更多福运。

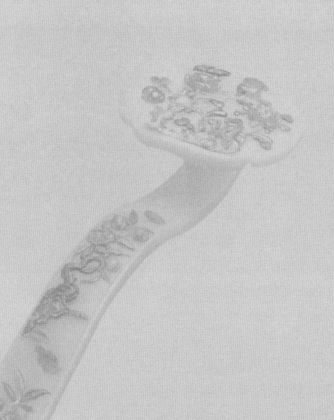

第六章　五福寿为先

在中国传统艺术宝库中，吉祥图占有非常重要的地位，它以独特的装饰风格和民族语言，在民间装饰美术中流行了几千年，尤其在雕刻、织绣、绘画、印染、陶瓷器等方面，吉祥图案被广泛地应用。吉祥图起始于商周，发展于唐宋，明清鼎盛时，几乎到了图必有意、意必吉祥的地步。典型的吉祥图《福禄寿喜》表达的含义就是"福、禄、寿、喜"四个方面的内容：福是福运、福气，福如东海，也包括财产富有的内涵；禄是官高位尊、功名利禄的象征；寿是长寿平安，延年益寿，寿比南山；喜是喜事连连，多与婚姻、多子多孙、喜庆年节等有关。

北京太平歌词曲目《福禄寿喜歌》属于什不闲调子，全曲旨在祝愿人吉祥："福自天来喜冲冲，福禄善庆降玉瓶；福如东海长流水，恨福来迟身穿大红。鹿行小道连中三元，鹿叼灵芝口内含；鹿过高山松林下，六国封相作高官。寿星秉手万寿无疆，寿桃寿面摆在中央；寿比南山高万丈，彭祖爷寿抵八百永安康。喜花掐来戴满头，喜酒斟上瓯几瓯；喜鹊落

◎ 清代福寿禄喜挂件

◎ 清代福禄寿喜雕花板

在房檐上，喜报三元独占鳌头。"

　　吉祥图《福禄寿喜》构图种类复杂，有蝙蝠、梅花鹿、瑞兽、喜鹊组合，"蝠"——"福""鹿"——"禄""兽"——"寿""喜"——"喜"，如清代福禄寿喜雕花板；还有蝙蝠、梅花鹿、寿桃、喜鹊的组合，如清嘉庆福禄寿喜盘；或由蝙蝠、梅花鹿、仙鹤、喜鹊组合，如明代龙泉窑蝠鹿鹤喜瓷砖雕；另有蝙蝠、梅花鹿、团"寿"字和喜神送子图组合在一起，寓意福、禄、寿、喜样样俱全、圆满和谐，如清代福禄寿喜挂件。这些吉祥元素组合寓意福禄寿喜，瑞霭盛吉，可谓：福星光耀彩凤鸣，禄享千钟世太平；寿果满盘生瑞霭，喜吉齐天兆乾坤。

　　另外还有直接在瓷器上书写不同字体的"福、禄、寿、喜"字，如宋代磁州窑白地黑花福禄寿喜奔鹿盘、明代法华福禄寿禧"天"字盘；有刻写"福、禄、寿、喜"字，衬以各种花卉为底，如清代福禄寿喜粉彩瓷板；或在"福、禄、寿、喜"字体笔画中绘以花卉，如清光绪福禄寿喜盘，笔画中绘以牡丹、芍药、菊花、绣球花等，盘壁内饰以祥云，盘沿口绘五只美化的红蝙蝠翅膀相连成圈。还有一种特别的福禄寿喜合体字斗方，四周绘以回纹连环不断，红底衬以堆金福禄寿喜合体字。还有在"福、禄、寿、喜"字上分别嵌刻

福——中国传统的福文化

第六章　五福寿为先

121

福神、禄神、寿神、喜神，辅以缠枝花卉，如清代福禄寿禧银饰、清代福禄寿喜财银饰；或在福、禄、寿、禧字上分别鋈乳钉纹、刻有梅花，如清代福禄寿喜银器。

画家也特别钟爱福禄寿喜画题，王云轩 1936 年作《福禄寿喜万事全》，图绘笑嘻嘻的福、禄、寿、喜四仙，福仙手捧宝瓶，瓶中飞出五只红蝙蝠；禄仙身披树叶，手抚梅花鹿；寿仙肩扛寿桃；喜仙注视着宝盒里的喜鹊。正如题诗所说："福禄寿喜四事全，此身恰似活神仙，如愿以偿需何术，广积阴功种福田。"海上十二家 1945 年合作《福禄寿喜》四屏，分别为《福自天申》，张中原写蝙蝠，江寒汀补景，王福厂题；《禄在其中》，熊松泉画鹿，张大壮补景，高野侯题；《寿比南山》，陈莲涛画寿星，孙钧卿补景，丁辅之题；《喜上眉梢》，徐韶九写喜鹊，张天奇补景，姚虞琴题。著名画家钱慧安也作过多种《福禄寿喜》图。

◎ 嘉庆福禄寿喜盘

◎ 宋代磁州窑白地黑花
福禄寿喜奔鹿盘

◎ 明代法华福禄寿禧"天"字盘

◎ 王云轩 1936 年作《福禄寿喜万事全》

◎ 海上十二家 1945 年合作《福禄寿喜》四屏

二、福禄双全，子孙延绵

　　"福禄双全"是传统的祝颂语，多作为自赞或赞人的吉祥祝福语。《诗经·大雅·凫鹥》说："公尸燕饮，福禄来成……福禄来为……福禄来下……福禄攸降……福禄来崇。"诗描写献给公尸美酒佳肴，希望公尸沟通献祭的人们与受祭的神灵，并祈求神灵赐福赐禄。

　　自古以来福禄难得十全十美，有福则禄不可得，有禄则福不可得，这就是古人所说的福禄难全，即使这样，人们还是会刻意追求福禄双全，元代贾仲名杂剧《对玉梳》第四折说："俺如今福禄双全，稳拍拍的绿窗下做针线。"明代沈受先传奇《三元记·秉操》说："愿他多生贵子，福禄双全。"此类吉祥图案多由蝙蝠、鹿、双钱组成或简化为蝙蝠、梅花鹿，辅以灵芝等吉祥物，多是寓意多福多禄多吉祥、福禄俱全齐到来的意思。

明清习俗追求祈福纳祥的美好愿望，福禄双全是瓷器常用的吉祥图案。清雍正青花淡描福禄双全吉祥图瓷盘，里外全部是青花淡描，蝙蝠在云间翱翔，寓意洪福齐天；梅花鹿伴蝙蝠，寓意福禄双全；蜜蜂采鸡冠花，寓意加官封爵；雄鹰与猴子，寓意英雄封侯；桃子加灵芝，寓意世代如意长寿……这一切吉祥元素综合起来，整个青花盘的含意为：英雄加官封侯，世代福禄无穷。清乾隆粉彩螭龙耳福禄双全尊，肩部饰双螭龙耳，腹部满绘粉彩福禄图，十只五色神鹿形态各异，活动在丛林山峦之间，或嬉戏，或奔跑，或顾盼，或小憩，一派生机勃勃的景象，瑞鹿神态生动传神，蝙蝠翱翔多姿，衬以参天古树，嶙峋奇石，苍松翠柏，郁郁葱葱，极为自然逼真。清代福禄双全粉彩盘，更是汇集了众多的吉祥花卉、瓜果蝴蝶和寿石等，主体是四只红蝙蝠和两只梅花鹿，寓意千祥百集，福禄双全。类似的还有清嘉庆景德镇窑福禄双全釉里红青花大碗，绘苍松下的卧鹿和天上飞翔的蝙蝠。

◎ 乾隆粉彩螭龙耳福禄双全尊

◎ 雍正青花淡描福禄双全吉祥图瓷盘　　　　　◎ 清代福禄双全粉彩盘

　　在象牙雕、玉雕、石雕、木雕、花钱等物件上也经常能看到福禄双全的吉祥图案，象牙雕开光福禄万代笔筒，正面开光雕刻祥云中五只栩栩如生的蝙蝠口衔寿桃和串钱，背面开光雕刻葫芦藤蔓，整个图案寓意福寿双全、福禄万代。

　　清代福禄双全玉佩，整体雕刻一个草书"福"字，在"福"字右下的"田"字是只梅花鹿口衔灵芝和翠竹，"福"字上方雕刻如意云纹，寓意十分明确，就是福禄双全、福禄如意。福禄双全翡翠玉牌，一面为夔龙、蝙蝠、"卍"字纹和如意云纹，寓意福寿万年；另一面雕刻鹿衔嘉禾、蝙蝠、古钱、灵芝、如意云纹，寓意福禄双全；玉牌双面满刻吉祥纹饰，上方雕刻双龙拱璧，下方雕刻两只蝙蝠，整体繁复多彩，瑞气千祥，充满多福多禄、福禄双全、福寿万年的美意。

　　在中国丹霞谷景区有一幅典型的福禄双全石刻，图为外圆内方的两个古钱相套，中间雕刻一对梅花鹿，天上飞来两只蝙蝠，石雕下面是一潭清水，福禄双全石雕倒映在潭水中，恰是两幅相连的福禄双全图，十分好看养眼，美不胜收。江西省南昌新建区望城镇三联村始建于宋代的天花宫，最后一次修葺是在清同治年间，梁柱斜撑的雕花木构件雕刻各有特色，其中福寿双全木雕构件雕刻一只下山的梅花鹿口衔灵芝，鹿身线条流畅，动感十足，鹿尾后面是一只蝙蝠，构成了福禄双全的寓意，给古庙增添了不少新意。

◎ 清代福禄双全玉佩

　　葫芦是中华吉祥文化中具有特定意义的组成部分，被认为是给人们带来福禄的吉祥灵物，自古以来就是福禄吉祥的象征。葫芦谐音"福禄""护禄"，其藤蔓枝叶被称为"蔓带"，与"万代"谐音，合起来就是"福禄万代"，是吉祥的象征；加之葫芦本身形态各异，造型优美，不须人工修饰就会给人以喜气祥和的美感，古人多以葫芦寓意子孙满堂、世代绵延，自唐代以来为民间所喜爱，遂成为传统器形，千百年来，葫芦一直作为吉祥物和观赏品，广受人们的喜爱和珍藏，是中华吉祥文化中吉祥物的典型。

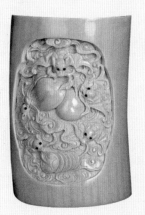

◎ 象牙雕开光福禄万代笔筒

清乾隆象牙雕福禄万代摆件，整器主体雕琢为葫芦造型，充分运用了圆雕、浮雕、活环、染色等多种技法，周遭雕饰枝繁叶茂的藤蔓及硕大饱满的葫芦，枝叶纵横交错，叶脉缠绕，果实丰盛，形象生动；葫芦周身祥云缭绕，几只蝙蝠口衔铜钱盘旋在葫芦之上，环链从葫芦口沿下垂，系以翩翩若飞的蝙蝠，吉庆福祥，可谓绝世佳作。摆件以葫芦为主体，兼之蝙蝠口衔钱币，寓意福禄万代、福在眼前。

　　清乾隆福禄万代子孙延绵瓶，整器为葫芦器形，口沿鎏金，器身表面施黑色釉，以金色、靛蓝、翠绿、赭红等彩料塑绘小葫芦、枝蔓、花朵、蝴蝶、蝙蝠，在藤蔓、枝叶之上又塑有几个天真可爱的胖娃娃。清代铜胎画珐琅福禄万代葫芦瓶，葫芦器形美雅，器身表面施青绿色釉，以娇黄、胭红、靛蓝、翠绿等珐琅彩料绘制纹饰，枝叶缠绕，葫芦垂悬，花朵娇艳、彩蝶飞舞，纹饰自然生动。而最为精彩的是，巧匠雕铸舞蝶、翔蝠贴塑在这缤纷之景上，活泼生动，极为巧妙。

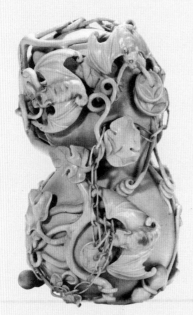

◎ 乾隆象牙雕福禄万代摆件　　◎ 乾隆福禄万代子孙延绵瓶

◎ 清代铜胎填珐琅嵌白玉　　　◎ 清代铜胎画珐琅
　　福禄万代葫芦瓶　　　　　　　福禄万代葫芦瓶

◎ 清代翡翠雕葫芦万代盖瓶

清代铜胎填珐琅嵌白玉福禄万代葫芦瓶，整器雕作葫芦形，柄部为盖，钮作藤蔓、枝叶状，通体露胎为地，镶嵌白玉小葫芦，錾胎填绿、蓝色釉为叶，黄色为枝蔓，并饰有镶嵌五颗红宝石、蓝宝石构成的小花，圈足一周錾回纹，喜庆吉祥，寓意子孙延绵、福禄万代。

清中期白玉雕福禄万代纹瓶，整器造型以上好白玉雕成葫芦形，玉质温润，晶莹剔透，主体为一个大葫芦，表面采用镂雕、深浮雕、浅浮雕等技法雕琢出葫芦藤蔓、枝叶作为装饰，并雕若干小葫芦，象征万代长久，子孙不断。清代翡翠雕葫芦万代盖瓶，留皮镂雕盖瓶，器形作大葫芦形，质地洁白莹润，依留皮色泽质感在周遭雕刻数只小葫芦、蔓带、叶片和花朵，线条飘逸流畅，枝叶洒脱婉转。

清代玉雕福禄万代坠，集圆雕、镂雕、阴刻、浮雕等技艺于一体。据玉料形状雕琢成白玉大葫芦，在周遭镂雕高浮雕蒂梗、藤蔓、枝叶、花朵、小葫芦作为装饰，巧用皮色浮雕一只雀鸟振翅飞舞其间，动静结合，意趣盎然。清中期和田白玉福禄万代摆件，是一件有浓郁生活气息的杰作，五层雕琢，集多种雕法于一身，竹篱笆旁，葫芦枝蔓藤叶缠绕满架，藤蔓卷曲绵延，枝叶娇嫩洒脱，葫芦饱满欲坠，更有圆雕一对雀鸟相依相亲嬉戏在葫芦架前，整器层次分明，动静结合，意趣盎然。

三、福寿绵长，无终无止

"福寿绵长"指福多寿高，绵延久远，是传统祝颂语，也作"福寿绵绵"。元代郑廷玉杂剧《布袋和尚忍字记》第一折说："则愿的哥哥福寿绵绵，松柏齐肩者。"清代李汝珍《镜花缘》第八十四回也说："但愿时时敬诵，自然消凶聚庆，福寿绵长。"

传统吉祥图案运用人物、走兽、花鸟等形象，以民间故事、吉祥语等为题材，通过借喻、比拟、双关、象征及谐音等表现手法，形成了"一句吉语一图案"。吉祥图《福寿绵长》由蝙蝠、寿桃、

盘长组合，盘长的一头是蝙
蝠，一头是团"寿"字；或由
团"寿"字连着蝙蝠，蝙蝠口
衔盘长绶带；或由蝙蝠和盘长
上下围绕团"寿"字，对于"福
寿绵长"语意的表达，民间创
作者选择了蝙蝠纹表达福的意
义，寿桃纹表达长寿的意义，
盘长纹表达绵长的意义，三种
元素进行组合产生新的含义，
即福寿绵长。

　　吉祥图《福寿绵长》有多
重表现方式，或由蝙蝠、团寿、
盘长组合，或由蝙蝠、寿星、
"卍"字组合；或由佛手、寿
字、松柏组合；或由葫芦、仙
鹤、盘长组合；或由"福"字、
寿桃、"卍"字组合。蝙蝠、
佛手、葫芦谐音取义为"福"，
团寿、寿星、仙鹤、寿桃象征
长寿，盘长、"卍"字象征绵
延不绝，盘长因绳结的形状连
绵不断，是个"卍"字，佛家
用它来表示佛法回环贯彻，含
有长久永恒的意思。佛教以
"卍"字象征庄严吉祥，佛教
徒常用"卍"字装饰在佛的胸
前，表示威力强大。

　　清代镂空雕福寿绵长铜

◎ 传统吉祥图福寿绵长（1）

◎ 传统吉祥图福寿绵长（2）

◎清代白玉雕福寿绵长带扣

佩，由盘长和蝙蝠组成，寓意福寿绵长。盘长纹是由一条无头无尾、无止无终的线组合而成的几何图案，它是线绳盘曲环绕、循环穿插之后，首尾两端相连而成，给人连通贯穿、永无止境的感觉，寓意长久永恒，纹样象征连绵不断。盘长又称吉祥结，为佛教八宝（八吉祥）之一，列为八宝中的第八品，人们常将盘长作为八吉祥的代表。《雍和宫法物说明册》中解释盘长说：盘长，佛说回环贯彻一切通明之谓，象征贯彻天地万物的本质，能够达到心物合一、无始无终和永恒不灭的最高境界。民间由盘长引申出对家族兴旺、子孙延续、福寿双全、富贵吉祥世代相传的美好祈愿。清代白玉

◎ 雍正黄地粉彩花卉
福寿绵长纹双耳瓶

◎ 清代镂空雕福寿绵长铜佩

福——中国传统的福文化

第六章 五福寿为先

雕福寿绵长带扣，由整块白玉透雕盘长纹饰，左右两边各有蝙蝠捧团"寿"字纹，寓意福寿绵长，多福多寿。

清雍正黄地粉彩花卉福寿绵长纹双耳瓶，瓶侈口双螭耳，以黄釉为底，上绘各式粉彩花卉图案，口沿饰如意云纹，颈部绘蝙蝠、缠枝番莲纹，腹部主要图案绘蝙蝠、寿桃、缠枝番莲纹，下接卷叶勾盘长，四周饰缠枝番莲纹，下接卷叶勾一磬，近底处莲瓣纹一圈，瓶足绘蓝色回纹连绕，蕴含了福寿绵长的吉祥寓意。

福寿绵长也是画家喜爱的画题，清代桂珠女史《福寿绵长》绘寿星拱手相迎天上飞来的红蝙蝠；清代彭旸《福寿绵长》则绘庭院老树下石块上坐着一位老婆婆，正带着五个孩童嬉戏，其中一个穿绿衣的孩童手拿佛手献给老婆婆，两个孩童正把捉住的蝙蝠放入篓子中，用的是象征的手法。

四、福寿如意

《福寿如意》吉祥图案多以蝙蝠、仙桃和如意构图，两者组合成为福寿如意吉祥的象征，这一题材也十分受人欢迎。

如意的起源很早，唐代段成式《酉阳杂俎》卷十一引述三国时期的《胡综别传》载，三国时吴国有人在南京挖出一个铜盒子，打开一看里面是白玉如意，把柄上刻有龙虎和蝉的图形。人们都不知

◎ 清代珊瑚福寿如意

道是怎么回事，孙权就问侍中胡综。胡综解释说，当年秦始皇认为金陵有天子气，所以在金陵处处埋宝物，以当王气，这个白玉如意就是当时所埋宝物之一。如意作为僧人的佛具，为佛教八宝之一。自古以来，如意即为雅俗共赏的吉祥物。

如意的头部呈弯曲之状，被人赋予了"回头即如意"之意。在旧时如意既是皇室朝臣及士大夫手中的玩物，又是富商巨贾的爱物，同时更是他们炫耀身份和地位的象征。小横香室主人《清朝野史大观》卷一说：满洲旧俗，凡逢良辰佳节，特别是过年，一些王公大臣督抚等都必进如意于朝，以取兆吉祥，故而有"椒戚都趋珠宝市，一时如意价连城"的说法。

清乾隆象牙雕福寿纹如意，设计精美，选料精良，精雕细琢，以象牙为材料，如意首边饰灵芝纹，中间为蝙蝠口衔一朵盛开的莲花和寿桃；柄部透雕夔纹，中间装

◎乾隆景泰蓝福寿如意

134

饰折枝寿桃枝叶，尾部亦装饰莲花纹。清乾隆景泰蓝福寿如意，以铜胎为体，以景泰蓝工艺制成，如意首作灵芝形，饰鎏金五福捧寿纹，如意周身饰法轮、宝伞、宝瓶、宝盖、吉祥结、右旋螺、莲花、金鱼等佛教八宝，辅以缠枝花卉纹，中段为双蝙捧寿，下段亦为五福捧寿，红黄双色穗头。

清代巧色玉雕福寿如意，器形是一柄如意，巧色雕琢如意头，柄上两只蝙蝠拱着一个团"寿"字。清代玉雕福寿如意，器随形雕琢一个如意，上面匍匐两只舒展翅膀的蝙蝠。

五、福寿双全，天下太平

福为吉祥之尊，寿乃五福之首，在中国，福运、长寿是民间吉祥文化的核心，南宋朱熹的弟子蔡沉在《书集传》中说："人有寿，而后能享诸福。"福寿双全，可谓两全其美，人人羡慕。宋代无名氏的《西江月》说："自合宰官身现，谁知富贵由天。但教福寿喜双全，直看子孙荣显。"清代曹雪芹《红楼梦》第五十二回写道："老祖宗只有伶俐聪明过我十倍的，怎么如今这么福寿双全的？"李汝珍《镜花缘》第七十一回也写道："要说个个都是福寿双全，这句话只怕

◎雍正粉彩过枝福寿双全盘

◎ 乾隆铜胎掐丝画珐琅福寿双全珊瑚盆景

◎ 乾隆福寿双全珊瑚洗

未必，大概总有几位不足去处。"福寿双全是老百姓对幸福美满生活的永恒追求。而传统吉祥纹饰福寿双全也是建筑、家具、器物、瓷器、玉器上常见的纹饰。

常见的福寿双全纹饰为蝙蝠、寿桃、古钱，它们的组合有多种，如蝙蝠与寿桃、蝙蝠与篆书"寿"字、蝙蝠与寿桃双钱、蝙蝠与瑞兽、佛手与桃子等等。

清雍正粉彩过枝福寿双全盘，粉彩绘一枝虬曲的桃枝自盘外壁延伸至内壁，枝干棕褐，显得古老沧桑，桃叶青翠，桃花粉润，硕大的鲜桃甘美欲滴、红艳诱人，枝叶黄绿相间，形象逼真，画面空白处红蝠翩飞，生动逼真。这件御瓷名品中寓意福寿双全的吉祥纹饰，不仅有依其特性而带有长寿之意的吉祥纹饰，如寿桃、仙鹤等，也有取其谐音的纹饰，如蝙蝠（福）、葫芦（福禄）等，此盘堪称雍正官窑代表之作，是标准的官窑五蝠、八桃的吉祥图案，盘心饰三

◎ 清代福寿双全木雕花板

蝠、五桃，外壁双蝠、三桃。清嘉庆蓝地粉彩福寿纹瓶，造型秀美，以蓝彩打底，色泽典雅，通身绘仙桃、蝙蝠、灵芝、竹石等纹饰，寓意福寿双全,吉庆祥瑞,是清代宫廷万寿节等喜庆场面的传统图案。清代福寿双全木雕花板则是另外一种表现方式，由蝙蝠和麒麟构成，辅以缠枝图案，枝叶相互缠绕，蝙蝠展翅凌空翱翔，麒麟回首望蝙蝠，上下呼应，送福纳瑞，花草舒展华丽，整个画面充满祥福之意。

除了这些组合形式之外，还有一些特殊的组合，清代玉雕福寿双全，造型奇特，上方是一只蝙蝠，表示福从天降，下面是个草书的"福"字，笔画抽象变形，像一株盘曲的桃树，"示"字的一点则是个大寿桃，象征长寿。

六、福在眼前

福在眼前是一种美好的祝福，表示福即在眼前、福来到眼前，也是一种典型的吉祥装饰纹样，画面呈现蝙蝠眼前摆有圆形方孔古

◎ 王大凡　粉彩福
在眼前瓷板

钱，构成福在眼前整个纹饰格局，构图多作二方或四方连续排列，也绘成串圆圈两两相交套合的形象，钱是货币的通称，寓意有福有财。"蝠"与"福"谐音，"钱"音为"前"，古钱中开方孔寓意为钱"眼"，蝙蝠、古钱两元素巧妙组合，产生了福在眼前的寓意，表达出百姓对于生活苦尽甘来的祝愿与祈盼。福在眼前纹样广泛应用在建筑、绘画、家具、雕刻、陶瓷、服饰、刺绣等地方。

　　明代鸡骨高浮雕福在眼前璧，器呈圆形片状，为圆形方孔钱，两只可爱的蝙蝠双双雕刻在古钱之上，整体比例得当，寓意美好。明代象牙雕福在眼前牌，由象牙雕琢而成，外观呈椭圆形，外缘起边线，内有五只浮雕蝙蝠，中间围绕一枚平安钱，可解释为"福在

眼前",也可解释为"福寿
双全"。整体雕工精美,构
图饱满。

清乾隆和田玉双面镂雕
暗八仙围绕福在眼前圆形玉
佩,外圈是由一串彼此相连
的球形组成圆形的连珠纹,
中心图案为四只蝙蝠嘴衔古
钱;镂雕暗八仙围绕福在眼
前,暗八仙是以八仙手中所
持之物组成的纹饰,汉钟离
持扇子,吕洞宾持宝剑,张
果老持渔鼓,曹国舅持玉板,
铁拐李持葫芦,韩湘子持笛
子,蓝采和持花篮,何仙姑
持荷花,合为"八仙纹"。

清代青白玉雕福在眼
前,白玉质地,呈圆形片状,
器身雕刻两只翩翩起舞的蝙
蝠口衔一枚汉代五铢钱币;
清代白玉雕福在眼前佩,刻
五只造型生动可爱的蝙蝠,
围绕中间的古钱;清代和田
碧玉籽料福在眼前佩,双面
工,上面刻蝙蝠,中间刻篆
体"寿"字,两边雕琢古钱。

清代铜胎掐丝珐琅开光
福在眼前鼻烟壶,壶身以掐
丝珐琅装饰,腹部开光饰福

◎ 清代青白玉雕福在眼前

◎ 清代白玉雕福在眼前佩

◎ 清代和田碧玉籽料福在眼前佩

◎ 乾隆和田玉双面镂雕暗八仙围绕
福在眼前圆形玉佩

在眼前主题纹饰，蝙蝠衔双钱绶带，蝙蝠和铜钱以铜线描边，再在轮廓内填彩，壶侧面蓝底绘掐丝珐琅西番莲纹，整器造型小巧精美。

◎ 明代象牙雕福在眼前牌

还有一种福在眼前的图案，以蝙蝠出现在人物的眼前为图。山子是玉雕摆件工艺中的一种，这种雕刻工艺多表现山水人物题材，需要制作者有较高的造型能力、富有创造性的构思能力和较高的文学艺术修养。清代白玉福在眼前山子挂件，以浮雕传统技法雕刻山石松柏和灵芝，以圆雕传统技法雕刻手舞足蹈的童子，手指着眼前的蝙蝠。

画家也喜爱福在眼前的画题，清代黄慎 1721 年暮春作《福在眼前》，根据传说中铁拐李放浪形骸、古怪乖张的故事行为，在刻画铁拐李固有形象特征的基础上，创造出具有个性化的铁拐李形象，绘八仙之一的铁拐李双手拄拐杖仰望从天而降的蝙蝠，目光炯炯，神采生动，借蝙蝠寓"福"的形象化艺术表现手法，表达福在眼前的寓意。黄慎笔下的铁拐李的造像不拘一格，别开生面，为后人留下了一件可圈可点的艺术佳作。

民国出类拔萃的优秀民间陶瓷艺术家珠山八友领军人物王琦的粉

◎ 清代黄慎《福在眼前》

◎ 清代铜胎掐丝珐琅开光福在眼前鼻烟壶　　　　◎ 清代青白玉雕福在眼前

彩福在眼前瓷板，绘旷野中，身佩宝剑的钟馗正抬头仰望天空中飞
来的蝙蝠，身后站立捧着花瓶的小鬼。珠山八友的二号人物王大凡
粉彩福在眼前瓷板，绘大肚弥勒佛正与五个孩童嬉戏，弥勒佛满脸
笑容，与弥勒佛面面相对的是站在他大肚皮上的一个孩童，他仰望
着天上飞来的两只红蝙蝠，伸手欲捉。

七、福缘善庆

　　"福缘善庆"一语，福缘，指受福的缘分、福分，善庆，指善行
多福，表示善良、吉利能引来福，语出南朝梁人周兴嗣《千字文》："祸

◎ 杨柳青剪纸《福善吉庆》

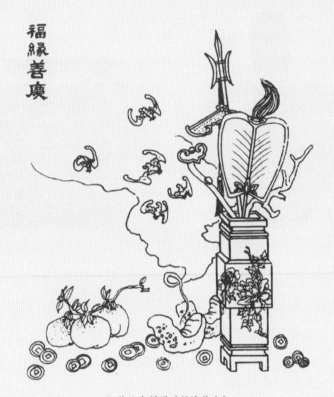

◎ 传统吉祥图《福缘善庆》

◎ 清代杨柳青年画《福善吉庆》

因恶积，福缘善庆。"意思是灾祸是作恶多端的结果，福分是乐善好施的回报。

传统吉祥图《福缘善庆》绘花瓶中插有戟、如意、扇子、珊瑚，戟上挂一个磬，以瓶谐音"平"，戟谐音"吉"，珊瑚是富贵的象征，这些表示平安如意、富贵吉祥；地上有元宝、古钱、柿子，元宝中飞升出五只飞舞的蝙蝠，蝙蝠谐音"遍福"或"遍富"，有福星高照、福运不断的意思；元宝的"元"谐音"缘"，扇子取"善"字的谐音，磬谐音为"庆"，象征福缘善庆。

题为《福缘善庆》的年画是以画中"蝙橡扇磬"命名的。清代杨柳青年画《福善吉庆》是一幅有情节的仕女娃娃寓意画，雕镂精致的床榻上，坐着一位妇人，两个娃娃扑蝙蝠嬉戏，那个执戟娃娃似在说什么。床下手持如意的侍女走来通报，似乎外面有人要来，画面中间的地毯上是三只大香橡。绣户华堂、贵妇贵子，是仕女娃娃画的特点。

"蝙橡扇磬"寓意福缘善庆；双钱取"双全"谐音，寿桃表示长寿，故而又寓意为福寿双全。

福緣善慶

◎ 传统吉祥图《福缘善庆》

中国传统的福文化

第六章 五福寿为先

143

杨柳青剪纸《福善吉庆》绘一个富贵童子左手拿扇子，右手托玉磬，左边有石榴，表示多子；右边有蝙蝠衔钱，组合在一起寓意福善吉庆。

露陈座，俗称露陈墩，全称为"露天陈设器物座"，多为汉白玉雕凿而成，通体雕饰花纹，造型随其上承载的器物及摆放的环境而变化，是皇家庭院陈设中特有的一种器物。在北京皇家园林颐和园排云殿院内全部 52 个露陈墩中带有蝙蝠图案的装饰纹样有 14 个，这些蝙蝠纹与祥云、缠枝、寿桃、双钱、宝扇等组合构成形态各异的单独纹样共 22 种，其中福缘善庆图案由蝙蝠、香橼、扇子、石磬组成，蝙蝠口衔香橼、扇子、石磬绶带纵向排列，有着积善祈福的寓意。

八、五福捧寿

传统吉祥图《五福捧寿》寓意人生幸福长寿。五只蝙蝠环绕着圆形篆书"寿"字或寿桃，是民间广为流传的一种传统吉祥图案。

清雍正青花矾红五福捧寿纹盘，为少见的雍正官窑祝寿用器，盘心以"万寿"两字组成团寿纹，其外绘五蝠纹，内外壁绘矾红彩

◎ 乾隆黄地粉彩五福捧寿纹盘

祥蝠翻飞，姿态各异，寓意洪福齐天。全器装饰色彩以红色为主，蓝色为衬托，红蓝二色搭配巧妙，艳而不俗，寓意美好，烘托出浓烈的宫廷喜庆色彩。

清乾隆黄地粉彩五福捧寿纹盘，黄地粉彩，外沿为回纹、如意云纹，内壁纹饰分为三重，内心圆绘如意云纹围着中心圆的五蝠拱卫团"寿"字，圆外有八组折枝寿桃，八组五只蝙蝠围着它，中间穿插八组折枝寿桃，两组折枝寿桃以"卍"字纹连接，凸显五福捧寿的主题，反复渲染，色彩鲜艳，视觉印象强烈。

清嘉庆青花五福捧寿盘，盘心绘五只蝙蝠捧寿桃纹，蝙蝠之间穿插五个"卍"字和寿桃，外壁以青花绘三多纹，口沿绘如意云纹，此盘釉面莹亮，青花发色典雅。

清道光茶叶末釉五福捧寿双耳瓶，通体以茶叶末釉铺地，腹部描金开光十天形内绘五只金色蝙蝠围绕篆体长"寿"字，符合清代图必有意、意必吉祥的特点。

还有吉祥图《万寿五福》图中间字形用"卍"字纹和篆书"寿"字组成，取万寿寓意，五只蝙蝠，一只在"万寿"组合字上，四只蝙蝠衔着彩带连着的寿桃如捧着中间"万寿"组合字，构成万寿五福吉祥图案；中间的大团"万寿"组合字，表示五福捧寿，寿为中心，有

◎ 道光茶叶末釉五福捧寿双耳瓶

◎ 清代雕花板五福捧寿

◎ 清代木雕贴金五福捧寿本屏

◎ 道光粉彩五福捧寿纹瓷缸

万年长寿、五福康泰的寓意。

　　清道光粉彩五福捧寿纹瓷缸是古人用于放冰块盛食物的容器，全器施粉彩，华丽雅致，口沿装饰十字纹锦地和如意云纹，间以粉色花朵；腹部主面绘五只红色蝙蝠围绕一团"寿"字，四周填以如意绶带、"卍"字绶带，五蝠围绕一"寿"字，又有"五福连寿"之说，寓意吉祥；腹小面以黄釉为底，绘卷草璎珞宝相花纹，全器粉彩鲜艳细腻，绘画华美瑰丽。

　　清代雕花板五福捧寿，长方形构图成"日"字形，上方正中间一只描金蝙蝠口衔团"寿"字带结绶带，边上围绕着四只描金蝙蝠，各连有一个"卍"字，在五福捧寿的基础上，又有四方万福、日日万寿的寓意，这种看上去简单的构图，却蕴涵了如此丰富的寓意，实在是妙不可言。清代木雕贴金五福捧寿本屏，器成椭圆形，雕五彩祥云，主体是一个贴金楷书大"寿"字，周围是五只贴金蝙蝠，充满祥瑞之气。

九、五福和合

　　福文化是一个鲜活的文化体系，是中国各民族共同积累的民族风情和精神情感的结晶。福文化蕴涵的和谐精神，其本质内涵是儒

146

家"和为贵"的思想，这个思想基本上从以下几个方面得到体现：第一，以仁为本的"恕"道；第二，作为至德的"中"道；第三，作为价值判定的"直"道；第四，作为万物和谐共长的"生"道。而这一切都比较集中地在福文化中得到完美的体现。

福文化之所以为各民族所认可，就在于福是所有美好事物和谐的集合。中国传统吉祥图《五福和合》是个多元和谐的系统，画面绘五只蝙蝠从天上一起飞进带盖的圆盒内，象征五福并至，福运来临。而"盒"与"和""合"同音双关，象征中国古代传说中的主婚姻的和合喜神。旧时，民间在举办婚礼的喜堂上悬挂一幅吉祥瑞图，绘两位蓬头笑面、活泼可爱的童子，分别身着红衣绿衣，一位手持荷花，另一位

◎ 传统吉祥图《五福和合》（1）

◎ 传统吉祥图《五福和合》（2）

手捧圆盒，盒中飞出五只蝙蝠，人们借此来祝贺新婚夫妇永结同心、白头偕老。这就是深受民间喜爱的和合二仙，也是我国民间崇拜的爱神。

清末民初大画家王震画过许多以和合二仙为题材的作品，1929年的《五福和合》就是以和合二仙和蝙蝠入画，绘一仙蹲在地上笑呵呵地用右手中的红果逗着站立在左手的喜鹊，地上放着宝盒；一仙站立抬头仰望，伸出双手正将一只蝙蝠捉住，五只姿态各异的蝙蝠在空中翩翩飞舞，灵动逼真，画家题诗说："神仙好念弥陀经，一笑相见双眸青。福慧兼修出游戏，喜气跃跃来沧溟。"

类似的还有《平安五福自天来》，绘两个童子笑迎天上五只蝙蝠，天上正飞来三只蝙蝠，瓮中已经有了两只从天上飞来的蝙蝠，合起来正好五只，蝙蝠从天上飞来，象征上天降福人间。而"瓮"与"安"读音相近，喻指平安，寓意幸福安康的美好生活。此类题材还有北京故宫养心殿门画《瓶生五福》、杨柳青年画《平生五福》等。

第七章 蝠福祥图

在中国古代，玉被当作美好物品的标志和君子风范的象征。玉雕是中国最古老的雕刻品种之一，新石器时代就已经有了简单玉雕，商周时期制玉成为一种专业，春秋战国时期是玉石工艺时期，汉唐时期是玉雕装饰盛行期，宋元时期是玉雕飞跃发展期，明清时期是玉雕鼎盛期，近代玉雕又有了进一步发展。古语说"玉不琢不成器"，任何一块好的玉石，只有经过人工雕琢，才能被赋予新的价值和魅力。琢玉工艺师在制作过程中，根据不同玉料的天然颜色和自然形状，经过精心设计，反复琢磨，最终把玉石雕制成精美的工艺品。

玉雕界有句行话："玉必有工，工必有意，意必吉祥。"从字意上来看，"福"字具有最美好的吉祥含义，玉石雕刻者有时会在玉料上直接雕琢"福"字，直抒吉祥寓意。如清代和田玉雕"福"字挂牌，直接雕琢一个草书"福"字，上方又雕琢了一只蝙蝠，寓意福上加

◎ 清代福禄寿
碧玉山子

福，福星高照；草书"福"字的
笔画中，雕琢有蝙蝠、寿桃、葫
芦等吉祥物，又有福寿双全、福
禄万代的寓意，一个"福"字里
面竟然包含了如此多层的吉祥寓
意，足见玉石雕刻者的巧妙构思。

再如清代青白玉双龙"福"
字纹佩，青白玉呈半透明状，白
中闪青，镂雕飘带形龙纹，圆目
张口，姿态威仪，龙头在下，龙
尾在上，右上侧有一长吻小龙，
四肢省略，龙头在上，龙尾在下，
一大一小两条龙盘曲的龙身，巧
妙地构成了一个草书"福"字，
造型精美，魅力独特，玉是美好
的标志，龙是高贵的象征，如此
双龙"福"字寓意吉祥，瑞气十
足。清代白玉"福"字佩，整体
镂空呈"福"字形，"福"字上
部穿花，梅花是五福花，设计巧
妙，做工精细，小巧秀雅，颇具
巧思。清代中晚期，盛行用"福"
"禄""寿""喜"等字做装饰，
或直接以字形构造器形，体现了
一种对荣华富贵、长命百岁愿景
的直接祈求。

以福的吉祥语、吉祥图创作
的玉雕作品，也是玉雕中常见有
特色的题材。清代和田玉五福捧

◎ 清代和田玉雕
"福"字挂牌

◎ 清代青白玉双龙
"福"字纹佩

◎ 清代白玉"福"字佩

◎ 清代和田玉五福捧寿

福——中国传统的福文化

第七章 蝙福祥图

寿，五只展翅翱翔的蝙蝠相连围绕
一个团"寿"字。清中期白玉透雕
福在眼前佩，中心雕琢如意纹、绳
结纹古钱带穗，古钱上下分别有"大
吉"二字，左右雕琢蝙蝠一对，组
合寓意福在眼前、如意大吉。

◎ 清中期白玉透雕福在眼前佩

　　清代福禄寿碧玉山子，随形雕
刻山水，山峦重叠，小桥流水，古
木苍松，亭台楼阁，作品以高浮雕
和立体雕刻的手法琢成，福星、禄
星、寿星和童子人物刻画栩栩如生，
寓意福禄寿三星高照，配雕花木座。
清代白玉竹节佛手花插，由整块玉
质温润纯净的白玉雕刻而成，主体
图案雕琢竹子、佛手，在竹子旁琢
有栩栩如生的孔雀，竹子的"竹"
与"祝"谐音，佛手的"佛"与"福"
谐音，取意为祝福。

◎ 清代白玉竹节佛手花插

　　明代白玉胡人献福，白玉微有
黄色皮壳，雕琢胡人戴帽披毡，脸
带笑容，昂首下蹲，双手捧一只蝙蝠，
人物形象生动，胡人是中国古代对
北方边地及西域各民族人民的称呼，
寓意四夷岁岁来朝献福。清代马上
封侯马上有福玉雕，雕琢一匹骏马，
在马背上骑着一只猴子，手抱寿桃，
寓意马上封侯；马背上还雕有一只蝙
蝠，寓意马上有福。

◎ 清代马上封侯马上有福玉雕

二、蝠福牙雕

象牙雕是一门古老的传统艺术，中国象牙雕刻起源十分久远，能追溯到大约7000年前的新石器时代，最初的象牙制品还只是一种实用工具，随着时间的推移，逐渐出现了工艺装饰用品并成为象牙雕工艺的主流。早在商周时期，象牙雕工艺就非常发达，历经秦汉、唐宋、辽金、元明，工艺越发精湛，到了清代更是达到鼎盛，技法完备，手法多样，圆雕、浅浮雕、高浮雕、镂雕，形成了江南与广东两大艺术流派。象牙有着有机宝石的美誉，象牙雕艺术品以坚实细密、色泽柔润，雕刻精美的特性，成为几案上的陈设珍玩。

象牙雕很大一部分就是以吉祥题材为装饰图案，通过借喻、同音、象形、联想等方法形成的概念，以谐音、口彩、象征等表达避邪纳福含义。清代象牙雕福在眼前挂牌，以外圆内方的古钱造型为主体，中心方孔周围浮雕四字"福、在、眼、前"，一端一只展翅

◎ 清代象牙雕加彩福寿水盂

◎ 清代象牙雕福在眼前挂牌

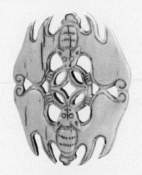

◎ 清代象牙雕福在眼前挂件

◎ 民国象牙精雕五福临门图鼻烟壶

◎ 明代象牙雕五福捧寿牌

的蝙蝠攀附在古钱之上，蝙蝠形象写实，生动传神。清代象牙雕福在眼前挂件，构图上下各雕琢一只翅膀张开，欲翩翩起舞的蝙蝠，嘴衔古钱，并用爪子紧紧抓住，造型生动可爱，逗趣动人，寓意福在眼前。

"福在眼前"还常以铁拐李与蝙蝠的形象来体现，明末象牙雕铁拐李福在眼前，铁拐李像以象牙整料而成，头扎匝巾，浓须虬髯，长发披肩，身着长衫，胸部瘦骨微露，一手持拐单脚而立，一手托着祥蝠端望，取谐音福在眼前为构图立意，腰挂三多果和葫芦，一副恣意之象，目空一切，了然无求。清代象牙雕铁拐李站像，一反铁拐李面目古怪、瘦骨嶙峋的造型，将铁拐李塑造为福星寿星模样，眯眼笑口，浓须虬髯，表情生动，一手拄铁拐杖，上系宝葫芦，一手捧着口衔金钱的蝙蝠，手臂上挂着口衔金钱的金蟾，好一幅福在眼前的图景。

明代象牙雕五福捧寿牌，呈正圆形，外缘浮雕五只蝙蝠环绕成圆，蝙蝠形象写实，生动传神；中心开光雕一圆环，环内雕有瑞兽螭龙，侧面环绕灵芝，表达五福捧寿的寓意。民国象牙精雕五福临门图鼻烟壶，主图雕琢五福捧寿吉祥图案，五只活灵活现、栩栩如生的蝙蝠围绕着一个团"寿"字，蝙蝠点睛尤为绝妙，使蝙蝠形象一下子活了起来。

祈福纳福的主题也在象牙雕中多有体现，象牙雕祈福纳福图圆牌，外缘两只夔龙捧寿起边，作椭圆形，内里铺地海水，两个童子围在一个瓮边，正把空中飞来的蝙蝠抓住纳入瓮中，象征纳福。

◎ 象牙雕祈福纳福图圆牌

清乾隆象牙雕福寿桃形链瓶以桃形为造型，桃枝一株，叶茂果硕，曲株折枝攀绕瓶身，汇株为把，沿瓶身合拢，浑然一体，桃叶掩映间高浮雕五只蝙蝠，既有五福捧寿，又有福寿双全的寓意，雕工精细，极富生机。民国象牙雕福寿双全挂件则相反，毫无烦琐的纹饰，简洁明了，两只带叶的寿桃，一只翩翩起舞的蝙蝠，同样表达了福寿双全的寓意。

清代象牙雕加彩福寿水盂，造型精美华丽，配象牙小勺用于舀水，整体呈寿桃形状，以妙蔓的枝叶作附设，

◎ 乾隆象牙雕福寿桃形链瓶

◎ 民国象牙雕福寿双全挂件

◎ 明末象牙雕铁拐李福在眼前

曲折自然，在枝蔓上雕琢有红蝙蝠、寿桃，水盂盖钮为一只红蝙蝠，口中衔有锁链，连接于蝙蝠与小勺之间，葫芦点缀在锁链之间。清乾隆象牙雕染色福寿纹香盘，呈碟式寿桃形，香盘内雕一只红蝙蝠，寓意洪福齐天；硕桃压枝，树干苍老遒劲，与红蝙蝠一起又表达了福寿双全的寓意，造型独特，色彩鲜明，寓意佳美。清中期象牙雕染色蝙蝠佛手形笔掭，依材质随形雕折枝佛手造型，以高浮雕、镂雕技法自底部雕一枝花枝蜿蜒攀至中心，枝干遒劲有力，舒卷婀娜，或绽放，或含苞之花朵俏立枝头，一只红蝙蝠在洗内翩翩飞舞，整个图案寓有福寿吉庆的美意。

◎ 清中期象牙雕染色
蝙蝠佛手形笔掭

三、蝠福角雕

角雕主要指用犀牛角雕刻的工艺品，犀牛角历来被帝王所重视，常被制为杯盏等器皿，以检验食品有毒无毒，从而使犀牛角雕刻成为古代角雕的一大品种，宫廷匠师多依据犀牛角的自然形状，雕镂成花纹各异的杯、爵等酒器，供帝王享用。自唐代起，犀角雕刻一路发展至明清，在明清时期，犀角雕突飞猛进地发展，达到了一个新的高峰，精湛的雕刻艺术扩展到犀角材质中来，这样一来，形状众多、花纹各异的犀角工艺品就脱颖而出，闻名于世。

犀角器除了杯、爵等酒器外，还有盅、碗、钵、洗、盒、鼎、炉、瓶、笔山、笔架、花篮、盆景、扳指、嵌件以及供欣赏陈设用的人物、动物等雕刻，还有犀角雕牌、佩挂件，福文化的题材在其中占有相当大的比例，多以民间吉祥语作为画题。金代金元好《续夷坚志》记载，宋孝宗腰部的佩带为犀牛角制成，呈南极寿星像。

清代犀角雕福从天降牌，牌身

◎ 清代犀角雕钟馗赐福纹牌

◎ 清代犀角雕纳福迎祥牌

◎ 清代犀角雕刘海送福牌

◎ 清代犀角雕福从天降牌

呈椭圆形，正面为福从天降图，背面是瑞兽图，牌外缘上下雕饰如意云纹，环饰连回纹，连绵不断，牌内雕琢双耳下垂、须发皆白，但精神爽朗、神态安详的老子骑青牛，一副仙风道骨的模样，天上祥云中，一只蝙蝠从天而降，寓意福从天降，福自天来、洪福吉祥相继而来。清代犀角雕钟馗赐福纹牌，外缘起边饰回纹，地饰海水纹，主题纹饰为钟馗挥剑起舞，天上飞来蝙蝠，象征福瑞到来，有福从天降、恨福来迟的美意。

　　清代犀角雕纳福迎祥牌，牌身为椭圆形，泛浅赭色，外缘起边，

◎ 乾隆犀角雕福在眼前佩

上琢连回纹；牌内剔地阳雕纳福迎祥图案，角牌中下方，两个童子围绕一瓮，面带微笑，身着长衫，正把蝙蝠纳入瓮中。清代犀角雕刘海送福牌，牌身呈椭圆形，牌外缘起边，雕饰回纹装饰，牌内雕琢欢天喜地的刘海身着短衫，双手持丝带，脚下踏祥云，推车而来，天上飞来一只蝙蝠，寓意推车送福、福满人间，这是民间美术中的传统题材。清代白银景泰蓝镶犀角雕翘盼福音牌，牌身呈椭圆形，雕琢一个童子翘腿仰视祥云中蝙蝠飞来，仰视表示盼望获得好消息。清中期犀角雕童子福音纹牌，牧童坐在牛背上，悠闲地吹笛，优哉游哉，其乐无穷，眼睛仰视天上飞来的蝙蝠，正如宋代雷震《村晚》所说："牧童归去横牛背，短笛无腔信口吹。"蝙蝠与笛声一起也象征福音，表达了祈盼幸福、祈盼好运的意思。

福在眼前、五福捧寿、福寿双全、福缘善庆、福庆有余等都是深受人们欢迎的传统吉祥图，也是犀角雕常见的吉祥题材。"福在眼前"在犀角雕中有多种不同的表现形式，清乾隆犀角雕福在眼前佩，佩身呈折扇形，雕琢古梅虬曲如苍龙盘空，艳丽的红梅绽开，一只蝴蝶

◎ 乾隆犀角雕福庆有余挂牌

◎ 清中期犀角雕童子福音纹牌

◎ 清代白银景泰蓝镶犀角雕翘盼福音牌

◎ 清代犀角雕福寿双全佩

◎ 清代犀角雕福缘善庆佩

◎ 清代犀角雕五福捧寿牌

翩翩起舞，下方雕琢蝙蝠口衔古钱，是典型的福在眼前吉祥图。

"五福捧寿"也有多种表现形式，清代犀角雕五福捧寿牌，牌呈正圆形，外缘浮雕五只蝙蝠，中心雕一圆环，环内雕有瑞兽螭龙。清代犀角雕福寿双全佩，上窄下宽，通身色泽素雅，质地通透，上端饰如意云纹，环饰回纹，内里主体图案是浮雕蝙蝠口衔双钱，两边各饰一带叶的寿桃，表达了福寿双全的寓意。

清代犀角雕福缘善庆佩，上窄下宽，上下方各饰如意云纹，佩外缘雕琢边线，内里饰主体纹饰"福缘善庆"，雕琢老人一手拄着系有香橼的手杖，一手持团扇，肩背一持磬童子，另一童子举手击磬，空中有蝙蝠飞来，"蝠橼扇磬"喻"福缘善庆"。清乾隆犀角雕福庆有余挂牌，蝙蝠从天降，口衔一宝磬，宝磬下系双鱼，蝙蝠、宝磬、双鱼组合纹饰，表达了"福庆有余"的美好意愿。

四、蝠福木雕

民间木雕工艺，一般选用质地细密坚韧的树种如楠木、紫檀、樟木、柏木、银杏、沉香、红木、龙眼等作为材料，木雕分布极广，由于各地的民俗、文化和资源条件，取材不一，工艺不同，形成了诸多具有浓郁地方特色、各有千秋的流派。

木雕艺术起源于新石器时期，距今 7000 多年前的浙江余姚河姆渡文化遗址就已出现木雕鱼；秦汉时期，木雕工艺趋于成熟；唐宋时期，木雕工艺更加趋于完美；明清时期，木雕的题材多为生活风俗、神话故事和吉祥图案，如五福捧寿、五福临门、福寿双全、福从天降、福在眼前等吉祥题材的木雕作品，深受当时社会欢迎。

木雕分工艺木雕和艺术木雕两大类，其中工艺木雕又可分为观赏性和实用性两种，观赏性木雕是陈列、摆设于橱、窗、台、几、案、架之上，供人观赏的小型的、单独的艺术品；实用性木雕是指利用木雕工艺装饰的、实用与艺术相结合的艺术品。中国古民居建筑屋檐、门楣、门柱、雀替、梁架、橼头、卷棚、枋头、花窗、隔扇、屏风、家具、生活用具中都包含着美不胜收、琳琅满目的吉祥题材图案雕刻，木雕花板品种繁多、形式各样、大小不一，有古建筑内的门、窗、桌、床、椅、橱、屏风的构件饰件，也有保存完整的生活用品。

◎ 木雕福从天降斗拱

◎ 乾隆黄花梨福寿如意花板

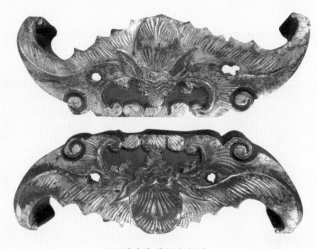

◎ 鎏金木雕福上加福

鎏金木雕福上加福，是一对
鎏金蝙蝠，原为家具的装饰构件，
采取浮雕工艺，雕工细致，红底
金彩，很是闪亮养眼。在民族传
统装饰艺术中，蝙蝠的造型是值
得骄傲的创造，中国人用自己丰
富的想象和大胆的变形移情手法，
把原来并不美的形象变得翅卷翔
云，风度翩翩。如木雕福从天降
斗拱、木雕蝙蝠花板，祥云缭绕，
蝙蝠展翅凌空翱翔，蝠身和蝠翅，
盘曲自如，十分逗人喜爱，寓意
福运和吉祥，有洪福齐天、福从
天降的美意。

清乾隆黄花梨福寿如意花
板，是当时太师椅上的装饰花板，
长方形构图，外圈是如意云形纹、
花卉纹和三只变形的蝙蝠，中心
是一只展翅的蝙蝠口衔寿桃，左
右辅以琴剑和车马象棋纹，康熙、

◎ 清代福在眼前雕花板

◎ 清末民初红木屏风五福捧寿（局部）　　◎ 清末浙派朱漆描金天官赐福木雕

◎ 清代民间龙凤福寿木雕窗格

乾隆时的刀马人物纹是从雕真刀真人到用车马文字的过渡时期，清代福在眼前雕花板，舒展翅膀翱翔在祥云间的蝙蝠口衔双桃和串钱绶带，辅以缠枝纹，寓意福在眼前、福寿双全、福寿绵长。

清末民初红木屏风五福捧寿，中间开光圆形中，刻五只姿态各异的蝙蝠，围绕一个草书"寿"字，"寿"多了一点，寓意多寿；蝙蝠如蝶飘忽灵动，"寿"字饱满生机盎然，圆形外是缠枝花卉，全图表达的是五福捧寿的美意。清末浙派朱漆描金天官赐福木雕，四边为缠枝纹花边，中心位置是怀抱如意的福星天官，左右分别为手展"天官赐福"卷轴的禄星和手捧寿桃的寿星，两个童子手持龙头拐杖、手捧铜壶分站两边，福星上方是祥云和口衔古钱的蝙蝠，全图汇集了众多吉祥元素，衬托福星天官，很好地表达了天官赐福的寓意。

木雕花板是民居建筑中传神的"眼睛"，是凝固的美妙乐章，在古民居建筑上多有精雕细刻木雕花板，所涉及的题材，大多承载着民俗传统风格，内容多为人们喜闻乐见的福文化吉祥图案，有一种"福"字木雕花板别具特色，如清代福建永春工杉木做花板一对异形"福"字，花板为长方形，上下为四条夔龙，辅以如意云纹，夔龙升腾在祥云中，上下中间为蝙蝠凌空展翅飞翔，辅以缠枝花卉，

◎ 清代浙江金华府城隍庙戏台天花福在眼前木雕

夔龙、蝙蝠簇拥八菱形纹"福"字，奇特之处在于这个草书"福"字是由两条夔龙组成，左边是直升云端的夔龙，右边是盘曲扬尾的夔龙，威严大气，龙威显赫。清代民间龙凤福寿木雕窗格，雕刻一龙一凤组成的一笔书龙"福"字和凤"寿"字，笔画中刻有梅花，有梅开五福的意思，辅以缠枝花卉，美观大方。

　　清代木雕龙凤"福"字花板，构图非常有意思，一龙一凤，两相对视，龙凤的头写实，身子变形为缠枝纹，组成了一个草书"福"字，如行云流水，一气呵成，极具动感；圆"福"字外框刻四朵绽放的莲花，意为四季来福，赏心悦目，寓意吉祥。清代木雕双龙、四龙"福"字，分别由两条和四条云龙组成，龙的造型有的直升欲飞，有的盘曲蜿蜒。清代龙凤虎圆"福"字，"示"字为展翅的凤鸟，"畐"字上部为一只可爱的幼虎正在注视着凤鸟，下部"田"字为两只云龙相对，中间是十字葵花纹，龙凤虎组成一个"福"字。

　　徽派木雕享誉全国，在民居的屏风、窗楹、栏柱，日常使用的床、桌、椅、案和文房用具上均可一睹徽派木雕的风采，几乎是无村不有，如安徽徽州宏村承志堂五福临门中门，雕刻有一个大大的行书"福"字斗方，四角各雕刻一只蝙蝠，"福"字和四只蝙蝠合起来共五福，象征五福临门；在中门"福"字的上方，镶有一幅木雕"百子闹元宵"图，图上雕刻着100个小孩过元宵闹花灯时的情景，有划旱船的、舞龙灯的，一派喜气洋洋的气氛，形态各异，惟妙惟肖，这正是古代"多子多福"传统观念的生动写照。清代徽派木雕福禄寿喜，雕刻福星一手抱朝笏一手捋须，身边童子怀抱如意；禄星面带微笑，看着手捧石榴的童子；寿星拄龙头拐杖，身边童子献寿桃；喜神捋须，身边童子手展福禄寿喜横幅，福星赐福，禄星送子，寿星赐寿，喜神送喜，福禄寿喜样样俱全，是人生大福。

　　山西灵石王家大院福到喜来木雕窗棂，上方是吉祥图案中常见的方胜纹和如意云纹，中间雕刻五只凌空展翅飞翔在祥云之间的蝙蝠拱卫一个"囍"字，"囍"字中间还有一只蝙蝠，有福从天降送喜来的美好寓意。山西榆次常家大院福庆有余彩色木雕窗格，雕刻舒

◎清代徽派木雕福禄寿喜

展翅膀的蝙蝠口衔磬和双鱼，辅以祥云纹为衬托，十分考究，表达的是有福（蝠）庆（磬）有余（鱼）的美好寓意，这个图案倒过来又是个"常"字，不得不佩服设计者的匠心。清代浙江金华府城隍庙戏台天花木雕蝙蝠展翅翱翔在舒卷的祥云间，形象非常优美。这里的另一幅福在眼前木雕，图呈倒三角形，主体图案是一只美丽如蝴蝶的蝙蝠，头部、翅膀和身体四周由十朵美化的如意云纹构成，蝙蝠口衔古钱，寓意福在眼前、如意多福。

◎ 山西灵石王家大院福到喜来木雕窗棂

五、蝠福砖雕

　　砖雕是传统民居建筑装饰重要的组成部分，又称砖刻、砖画，是在青砖上雕刻出人物、山水、花卉等图案，为古建筑雕砖雕刻中十分重要的一种艺术形式，雕刻技法可分为立雕、浮雕和透雕三类，砖雕主要用于装饰寺塔、墓室、民居的山墙、犀头、门楼、屋脊等处，雕刻题材以具有吉祥寓意的图案为主，如福禄寿喜、岁寒三友、鹤鹿同春、麒麟卧松、鸳鸯荷花等等，寄托着房宅主人对美好生活的憧憬。尽管经历岁月沧桑，至今仍有不少令人叫绝的精品流传于世，人们还能在古民居看到许多构思精巧、雕工精细、画面生动、意趣传神的砖雕。

　　山西榆次常家大院除了独特的古民居建筑之外，其璀璨夺目的砖雕艺术也堪称一绝，无不贯注着福禄寿喜、五福临门、松鹤延年、多子多福、富贵平安等福文化的吉祥含义。这幅圆形座山影壁《福

◎ 山西万荣李家大院砖雕福禄寿

◎ 山西榆次常家大院砖雕福禄寿喜影壁

◎ 山西榆次常家大院"福泽"砖雕照壁

禄寿喜》砖雕，位于谦和堂东厢房南山墙外，直径2米。由于谦和堂院落狭小，不适合制作大型影壁，所以只在门内西厢房山墙镶嵌了这幅造型简洁的圆形座山影壁。影壁呈圆形壁挂形式，外框是匀称工整的如意云雷纹和回纹起双边，寓意如意长久、连绵不断；画心中间正上方雕刻蝙蝠倒悬、红日高悬和如意团云，左为苍松、仙鹤，右为梧桐、梅花鹿，蝙蝠喻福，梅花鹿喻禄，仙鹤喻寿，卧在树下的梅花鹿正抬头仰望上方的蝙蝠，地上的梅花鹿和天上的蝙蝠对望相逢，是为喜相逢，暗喻一个"喜"字；中下方刻四层重叠高浮雕仙洞状神龛，上有奇石异草，其间松鼠攀缘松柏，飞翔的仙鹤正看着松鼠，寿山下方雕琢一只夔龙，众多寓意美好的吉祥景物点缀出繁华明媚的太平景象，充满吉祥瑞气，寓意福禄寿喜样样俱全。

常家大院《福泽图》照壁位于明清街雍和堂对面，是一幅造型典雅的户外座山照壁。正脊中央刻牡丹、福瓜，两侧

◎ 安徽徽州古民居砖雕五福临门

刻卷草蟠龙，寓意福禄富贵；额枋悬挂回纹镶边的砖雕牌匾"福泽"，意为福祉泽被、吉庆祥和；牌匾两侧置两对雕工精致的双层砖雕卷草纹镂空斗拱，斗拱间缝隙雕刻有吉祥花草雀替，额枋下置博风板，中央为砖雕阳刻《六合同春》图，画面上松、桐枝叶繁茂，两对鹤、鹿风姿悠然。主体画面描绘绚丽多彩的园囿图：上方祥云缭绕，烘托红日、弯月，左右苍松劲竹，寓意松竹有节；下端奇石庙观，参差点缀有芭蕉仙草，描绘出一幅福如日月、泽被桑梓的人间仙境。主图案两侧竹节柱端分别饰双升草龙相向呵护，在主画面两侧装饰缠枝卷草纹佛手、藤蔓，枝繁叶茂硕果累累，寓意福泽永驻、绵延

◎ 山西灵石王家大院"荷天休"腰门五福临门砖雕

◎ 山西晋城北留镇皇城相府古堡砖雕福从天降

不断。下方台基刻"寿"字及草龙状祥云，须弥莲瓣围边、夔纹托底，突出了整体美感。

山西万荣李家大院砖雕福禄寿，非常有特色。卷轴起边，上方刻有牡丹花，内框上下刻有瑞兽夔龙、仙鹤图，左右刻有八仙和独占鳌头人物画像，主体图案上方左右是翱翔的仙鹤，下方左右是喜鹊登梅，中间圆形主图如意云纹环绕成圆边，内圆装饰几何纹，圆心中间是寿星坐在梅花鹿上，置身于山石松柏间，但见祥云缭绕，流水潺潺，寿星上方正中是个回纹"福"字，象征福运长久，绵绵不断；"福"字当头，又象征福星高照、洪福齐天，整体图案寓意福禄寿三星降临，赐福赐禄又赐寿。

安徽徽州砖雕一般用来装饰住宅大门上的门罩、门楼、八字墙以及寺庙的神龛等，而门罩最为常见。砖雕是在一定的器形内布置一个或一组恰当的纹饰，既要考虑砖雕本身的精美，又要考虑整个建筑的和谐统一。徽州古民居砖雕五福临门装饰在门罩头上，长方形构图，正中间雕刻一椭圆形，内里是楷书"福"字，两边各有祥云和两只舒展翅膀翩翩起舞的蝙蝠，四只蝙蝠和一个"福"字构成五福，象征五福临门，福运多多。与此异曲同工的是山西灵石王家大院五福临门砖雕，在红门堡的东侧门"荷天休"腰门门头上浮雕

◎ 广东中山沙溪镇周氏大宗祠"福"字砖雕

五只不同方位、姿态各异的蝙蝠舒展双翼，振翅飞翔，排列对称有序，门口两边高墙上分别各有两个大大的"吉"字，寓意五福临门、大吉大利。

广东中山沙溪镇周氏大宗祠"福"字砖雕，回纹缠枝花卉、寿桃为边框，主图是葵花圆形中的圆形"福"字，下坠葵花绶带，"福"字上方是石榴花卉，寿桃喻寿，石榴喻多子，与"福"字组合在一起，表达了福寿三多的美好愿望，边上还有与之配对的"寿"字砖雕。

六、蝠福石雕

石雕是造型艺术的一种，以可刻的硬质材料石头，创造出具有一定空间的可视、可触的艺术形象，借以表达某种审美感受、审美情感、审美理想的艺术，一般多采用圆雕、高浮雕、减地浮雕、镂

◎ 浙江宁海双龙"福"字石窗

◎ 浙江三门"福"字石窗

雕和阴刻等多种技法，以各种民间的吉祥图案加以修正进行雕刻，着重于寓意吉祥的内涵和一般的装饰相结合，通常以自然界物象为题材，用谐音、比喻、寓意、象征的手法，表达人们对美好生活的追求和祈望。

明清时期的古民居建筑上石窗的图案造型丰富多彩，结构体例千变万化，无一例外都有吉祥、幸福、康宁的寓意，民间艺人把民间的吉祥话语，用图案表现在石头上，赋予石头生命，产生艺术的升华。现存的浙江宁海民居石窗多为清代所造，题材大多是民俗化、大众化的内容，如双龙"福"字、三星在户、五福临门、寿考维祺、福禄寿喜文字等都包含着吉祥祝福之意，表现了人们对福运、权势、长寿、财富的向往。双龙"福"字石窗，画面上两条盘旋的蛟龙一为"示"字，一为"畐"字，龙头在上两两相对组成"福"字，另有一种图案为一条龙上腾，一条龙下行，暗含龙

◎ 福建连城九厅十八井建筑中带有"福"字造型的雕花石窗

◎ 福建南靖县梅林镇培田古民居夔龙"福"字石窗

◎ 浙江嵊州"福"字石窗

◎ 山西五台山南山寺石雕福禄寿三星

行天地的意思，龙的题材在石窗中的出现也说明了人们对龙的喜爱和崇拜，尤其是龙和"福"字等元素组合一起，更具有吉祥寓意。浙江三门"福"字石窗也颇有特色，构图为四条香草龙环绕拱卫一个圆形草书"福"字，香草龙形似蔓草，圆转盘曲，形象优雅美丽。

福建南靖县默林镇培田古民居夔龙福字石窗，"示"字和"畐"字分别镂雕成抽象化的夔龙图像，夔龙方转盘曲，棱角分明，形象神秘而威严，一为直立升腾，龙头在上，龙尾在下；一为盘虬回环，龙尾在上，龙头在下，两龙栩栩如生，活灵活现，造型截然不同，但都只刻画龙头、龙身，舍略龙爪、龙鳞、龙尾，线条图案劲挺而舒曼，采取的是借形赋字的隐字式，即借助两条夔龙身子变形成"福"字，辅以缠枝花连接固定。民间艺人这拙朴、浪漫的艺术思维，创造出美观与神秘高度融合的艺术特色。

有一种石窗构图也非常新颖奇特，清代石雕福禄寿"福"字窗，构图新颖，左边"示"字是一只翩翩起舞的蝙蝠，右边"畐"字上半部是一只仙鹤的头和长颈，下半部是一条蛇的身子，蛇即是龙，

◎ 山西灵石王家大院高浮雕
二龙送福抱框墙

◎ 清代"福"字石屏风

象征权力，代表禄，三种吉祥元素组合成一个"福"字，产生了新的吉祥寓意，福运禄运长寿同时降临。浙江嵊州"福"字石窗，外框是一个封闭的正八边形，内里又套有一个正八边形，主图镂空雕祥云缭绕、蝙蝠飞舞的景象，正所谓："庆云祥碧汉，景福绕青霄。"祥云呈云朵状，漫天蝙蝠展翅翩翩起舞，在祥云中上下翻飞，姿态各异，错落有致，充满灵气，富有立体感，翱翔的蝙蝠伴以迤逦祥云，寓意千祥云集、福从天降，有大富大贵的吉祥寓意；因石窗的石料呈红色，蝙蝠自然是红蝙蝠，也就又有了洪福齐天的寓意。

山东威海石岛赤山荣成民俗馆中有一块"福"字碑，上方左右两角各雕有蝙蝠叼着一枝挂满桃子的图案，象征福寿双全；上方中间是蝙蝠口衔古钱的图案，寓意福在眼前；下方左右两侧是蝙蝠衔着磬和鱼的图案，寓意富（蝠）裕（鱼）生活、连年有余；主体图案中包含牡丹、海棠、玉兰花，将三花与"福"字作相拥状，寓

福——中国传统的福文化

第七章 蝠福祥图

意玉堂富贵，福运长久。"福"字左右两侧对联：五云蟠吉地，百福绕佳城。更是表达了一种希望福永驻此地的愿望。这是一幅以蝙蝠和众多吉祥物相组合的多元和谐的福文化主题的吉祥图案。

山西灵石王家大院高浮雕二龙送福抱框墙，由云龙、蝙蝠、元宝、卷云组成，石雕呈椭圆形，外围起边，元宝纹、卷云纹连绵，两条云龙相拱祥云中的蝙蝠，云龙身躯扭动一波三折，时隐时现，隐藏在祥云瑞气之中，变幻莫测。

石雕也是五台山南山寺的精华之一，南山寺石雕福禄寿三星，雕琢福禄寿三星站立在如意祥云之上，福星作天官模样，面容慈祥，五绺长须，头戴官帽，蟒袍玉带，一手持如意，一手放在腰间玉带之上；禄星作员外郎打扮，一手捋须，一手持拂尘，面相祥和；寿星一手捧寿桃，一手拄龙头拐杖，笑意融融，三星眉目清晰，美髯长飘，衣饰洒脱，自然流畅，人物雕琢大气，刻工细腻，表情惟妙惟肖，布局巧妙，相得益彰。

清代"福"字石屏风，正面雕刻有蟠龙吐珠，背面是一个大"福"字，两侧是雄狮踏古钱抱鼓石，在平板的鼓面上分别刻有麒麟吐玉书、瑞鹿衔花木图案，鼓面上方有个方形"福"字是由两条龙组成，升龙仰头朝上，奔腾飞舞，呈升起的动势，炯炯有神，气势威猛；盘龙弓身昂首，龙尾在上，形态流畅奔放，造型生动，极有威严，两龙相向，构成一个草书"福"字。

清代石雕"福"字，是传统百福图中的一种形式，由古钱纹、菱形纹、S纹、回纹、几何纹等组成，别具一格。清代山西忻州青石石雕影壁座也传达了多重吉祥寓意，主体图为中间如意纹起圆边，里面是团形万寿字，寓意如意万寿；五只形态各异的蝙蝠环绕簇拥团形万寿字，寓意五福捧寿；左边祥云上是卧鹿，右边是站鹿，三种吉祥元素组合就构成了福禄寿的寓意。

七、蝠福烟壶

鼻烟壶就是盛鼻烟的容器，明末清初，鼻烟从欧洲传入中国，鼻烟盒渐渐东方化，产生了鼻烟壶，开辟了一项工艺美术的新门类。虽然今人嗜用鼻烟的习惯几近绝迹，但鼻烟壶却作为一种精美艺术品流传下来，集中了绘画、书法、雕刻、镶嵌及玉石、瓷器、料器、漆器、珐琅、金属等工艺于一体，博采众长，自显奇姿，是一种集多种工艺美术之大成的袖珍艺术。

◎ 清代铜胎掐丝珐琅开光福在眼前鼻烟壶

◎ 清代玛瑙俏色福在眼前烟壶

◎ 清代玛瑙巧作福寿双全鼻烟壶

◎ 台北故宫博物院藏清代玛瑙
福寿如意鼻烟壶

◎ 清代白地套红料
福寿双全鼻烟壶

◎ 乾隆宝石红料洪福齐天纹鼻烟壶

◎ 霏雪地套红料马上得福鼻烟壶

作为一种小摆设的鼻烟壶，其纹饰有山水草木、花鸟虫鱼、瑞兽珍禽、亭台楼榭、喜鹊报春、凤穿牡丹、马上平安、榴开百子等，更有福在眼前、福寿双全、福至心灵、福禄寿喜、福寿延年、和合纳福、福禄万代等等。人们从这些福文化吉祥图案中领略到掌中珍玩的审美意趣和丰富的艺术内涵，欣赏到精致工艺之美。

"福在眼前纹"是各种工艺品上常见的吉祥图案，如清代铜胎掐丝珐琅开光福在眼前鼻烟壶，珊瑚纽盖，颈部饰如意纹，壶身饰西番莲纹，壶腹开光，内以红底描金祥云纹铺地，绘有蝙蝠口衔双钱飘带，外壁施蓝色珐琅釉为地，内里填充白色，对比鲜明，色彩丰富，清代玛瑙俏色福在眼前烟壶，绘一老人手舞足蹈喜迎飞到眼前的蝙蝠，寓意福在眼前。

"福寿双全"也是鼻烟壶常用的图案，清代玛瑙巧作福寿双全鼻烟壶，依玛瑙天然纹理，随性而雕，在烟壶表面雕刻一只瑞兽猛虎仰天长啸，眼前飞来一只蝙蝠。清代白地套红料福寿双全鼻烟壶，正面红料巧雕红蝙蝠口衔双钱和篆体长"寿"字，背面红蝙蝠口衔双钱飘带，寓意福寿双全。

在鼻烟壶上还可以见到多种典型纹饰，如"福寿如意纹"，台北故宫博物院藏清代玛瑙福寿如意鼻烟壶，白玛瑙黄花巧雕耄耋老者、蝙蝠、如意，形态栩栩如生，俏色漂亮，寓意福寿如意。"马上得福纹"，霏雪地套红料马上得福鼻烟壶，透明霏雪地，套宝石红色玻璃料雕琢骏马和蝙蝠，雕刻立体感极强，霏雪地的素雅，红料的艳丽，二者搭配相得益彰。"洪福齐天纹"，清乾隆宝石红料洪福齐天纹鼻烟壶，呈蝙蝠形，蝙蝠嘴为壶口，在红色透明料的壶体上雕琢了简化夸张的蝙蝠，蝙蝠形突出眼、翅两部分，简略了其他部位，在翅膀的表现上，仅以浅浅的凹槽示意，颇具匠心，纹饰雕刻形象生动，色彩鲜明，寓意洪福齐天。

八、蝠福银饰

　　银饰是用银制成的各种各样的装饰品，大致分为服饰、耳饰、颈饰、手饰、足饰五大类。银饰作为一种文化现象在历史上曾被许多民族青睐，成为多元文化交流的载体之一。突出主题，对文化内涵进行清晰流畅的表达，是银饰的一大特点。银饰中常见的吉祥图案有蝙蝠、如意、磬、鱼、松竹梅等；文字则有"福禄寿喜""富贵长寿""吉庆万年""祝延万寿"等等，这些伴有浓郁中国特色的象征组合方式，既满足了人们追求荣华富贵的心理，又寄托了种种美好的寓意。

◎ 同治蝙蝠图案银锁

◎ 清代烤蓝珐琅彩银饰蝙蝠玩件

◎ 清代福寿双全银簪

◎ 清代福禄寿喜合体"福"字银饰

清同治蝙蝠图案银锁、清代烤蓝珐琅彩银饰蝙蝠玩件，都是被美化的蝙蝠，蝠身蝠翅卷曲自如、翅展祥云、风度翩翩。清代福寿双全银簪，器形是一个带枝叶的寿桃，上面还有半个团"寿"字，一只舒展翅膀的蝙蝠抱着寿桃。清代银饰福寿双全，为两只对称的口衔双钱的蝙蝠，蝙蝠翅膀边还有带叶的寿桃，象征长寿，整体图案的寓意就是福寿双全。清代珐琅彩五福捧寿银簪，主图是五只姿态各异的蝙蝠拱着一个长"寿"字，辅以缠枝花卉，喜庆吉祥，寓意五福捧寿。

在传统福文化吉祥图案中，表现福、禄、寿、喜的吉祥符号和图案非常多，如蝙蝠、梅花鹿、仙鹤、喜鹊等，也有图案与福、禄、寿、喜文字结合的构图形式，在营造吉瑞氛围的同时也体现了传统福文化独有的艺术特点和审美价值。如清代福禄寿喜合体"福"字银饰，在"福"字中分别錾刻梅花鹿、寿星、喜神，既是字又是图，造型优美，寓意吉祥。

◎ 清代珐琅彩五福捧寿银簪

早在汉代就出现了花钱，是民间自娱自乐的一种玩钱，虽然具有钱币的形态，但不流通使用。民间花钱的种类繁多，按用途大致可分为古钱宫钱、吉语类、宗教类、游戏类、特殊用途类等五大类，可在祝福、赏赐、镇库、厌胜、殉葬、卜卦、凭信、纪念、生肖、佩饰、玩赏、游戏、撒帐、洗儿、吉庆、祝寿、挂灯、上梁、系包裹、镇水、性教育等等方面使用，这种"钱"是专供某种需要的吉利品、辟邪品、纪念品，其中吉语钱是比较普遍的一类花钱，在吉语钱中，主要以"天官赐福""福寿双全""福寿康宁""福寿长春""福寿齐天""福禄寿星""福德长寿""华封三祝""加官进禄"等吉语为内容，是福文化

◎ 清代百福大花钱

福—中国传统的福文化

第七章 蝠福祥图

的另一种表现形式。

　　"福"是人们吉祥观念中重要的理念，不仅含意延伸丰富，而且文字变化多端，经常被图案化和艺术化了，变成了吉祥符号。清代有许多种"福"字花钱，都是由不同的"福"字构成的，形制以方孔圆形为主，刻有不同风格的花纹、图案、文字，铸造工艺多样，其中最有特点的是百福大花钱，百福就是多福的意思，唐代韩愈《忆昨行和张十一》说："姝消祸散百福并，从此直至耉与鲐。"民间流传的《百福图》由一百多种不同的篆体"福"字组成图案，清代百福大花钱不仅制作精美，构图新颖，而且篆体古朴，书法有章，一百个篆体"福"字各有千秋，古朴遒劲，字体各异，无一雷同，文字纵横排列整齐，粗细、长短、疏密处理得严谨稳健，钱币用优质黄铜铸造，铸工精细规整，字口深峻秀美，表现出极高的艺术造诣和工艺水平，堪称吉语钱中的精品。

　　清代福寿双全背五子登科花钱，正面外圈铸四只蝙蝠和四个篆体长"寿"字，内圈铸如意祥云纹和"福寿双全"四字，吉祥图与吉祥文字组合表达的都是福寿双全的寓意；背面构图与正面一样，只是字为"五子登科"四字。清代福寿双全花钱，一种是正反两面各由"福"字、"寿"字组成，还有一种是由吉祥图和"福"字、"寿"字构成，花钱的一面铸蝙蝠、祥云

◎ 清代五福临门、福如东海背八卦图花钱

◎ 清代福寿双喜背五子登科花钱

◎ 清代福寿双全花钱

◎ 清代蝠鹿鹤喜背福禄寿喜花钱

◎ 清代福寿康宁、富贵多男元宝型花钱

◎ 清代五铢连体福在眼前花钱

◎ 清代福寿双全背富贵
双全桃形花钱

和带叶仙桃，一面则是"福"字、"寿"字，这些吉祥元素铸在古钱上，寓意福寿双全。

清代五福临门、福如东海背八卦图花钱，正面为五只翻飞的蝙蝠，下方为海水纹，背面为八卦图。清代蝠鹿鹤喜背福禄寿喜花钱，正面为蝙蝠、梅花鹿、仙鹤、喜鹊，寓意福禄寿喜；背面是"福禄寿喜"四字。

异形花钱是指非外圆内方造型的铸品，如刀币形、布币形、方牌形、多边形、菱边形、环扣的钱形饰件等。清代道光通宝福禄寿喜财花钱、清代福寿双全背富贵双全桃形花钱、清代福寿康宁背富贵多男元宝型花钱，都属于吉语文字异形花钱。

清代五铢连体福在眼前花钱是蝙蝠与古钱组合构图，由两个五铢钱相叠，上面铸着一只蝙蝠。

古人铸造这些花钱本来就不是用来"花"的，而是借钱币这种载体，作为人们精神需求的一种寄托以及人们对幸福美好生活的憧憬，因"福"而生辉。福能带来家家吉祥、人人如意，这类体现古人生活观和价值观的花钱，是古人祈福盼福理念的具体表现。

十、蝠福刺绣

中国民间传统手工艺刺绣有着悠久的历史，汉代刺绣开始呈现繁美缛丽的特点。宋代是刺绣发达至臻的时期，特别是绣画在开创纯审美的艺术绣方面，堪称空前绝后；元代刺绣除了作服饰点缀外，更多被用于制作佛像、经卷、幡幢、僧帽，带有浓厚的宗教色彩。明清是刺绣流行风气最盛的时期，绣派如雨后春笋般兴起，除著名的苏绣、粤绣、蜀绣、湘绣四大名绣外，还有京绣、鲁绣等，形成争奇斗艳的局面。

在刺绣纹饰上，吉祥纹饰一直占主要地位，所作图案多为喜庆、吉祥、福禄、长寿之意，通过某种自然现象的借喻、比拟、象征、谐音或附加文字等形式来表现人们的愿望、理想，如福禄寿三星、

◎ 刺绣福寿双全

◎ 刺绣福禄寿三星高照

福禄双全、福增贵子等等，都深受人们喜爱。

　　刺绣饰纹样的素材丰富多彩，常见的人物素材有福禄寿三星、八仙、财神、麻姑、送子观音等等。刺绣福禄寿三星高照，绘绣庭院中，左边为虬曲桃树挂满桃花、仙桃，右边为太湖石边翠竹挺拔，福星居中，禄星、寿星分居两边，上方有两只蝙蝠翩翩起舞，从天而降，下方为灵芝、牡丹、兰花等吉祥花卉，众多吉祥元素组合在一起，更是衬托了福禄寿三星高照的吉祥寓意。刺绣五福童子，绘绣祥云缭绕，祥云上有五福童子，两个童子执杖引路，麒麟拉着有伞盖的宝车送来贵子，车旁一童子捧印，车后一童子一手抱笙，一手举桂花，车上的童子一手抱如意，一手托举石榴，石榴升腾起祥云，祥云中飞来五只蝙蝠，众多吉祥元素组合表达了福从天降、五福临门、麒麟送了、榴开百子、福增贵于多重吉祥寓意。

第八章 百福纳祥

◎ 西安碑林李阳冰篆书百福图拓片

　　传统的《百福图》是由一百种不同的篆体"福"字书写、印制成的图案，人们祈盼百福降临的愿望全集中在这独特别致的《百福图》之中。《百福图》字体造型稳重端庄，极有福趣福韵。

　　"福"字在国人心目中，是一个最具魅力、最富追求的美字，《百

188

◎ 慈禧太后《百福百寿图》

◎ 康熙青花百福图茶叶罐

福图》又是最全面、寓意最吉祥的图案。早在殷商甲骨文和西周青铜器铭文上，就已经有不同结构的"福"字了，随后相继出现古籀、小篆、隶书、草书、楷书、行书等字体，"福"字书法越来越多，越来越艺术化，于是，人们将各种不同字体、不同写法的"福"字集书成《百福图》《千福图》《万福图》，可谓百福骈臻，美不胜收。《百福图》最典型的形式，是以篆体为主，字字异形的图案，在民间广泛流传，如西安碑林中书法史上篆书大家李阳冰篆书《百福图》、清代缂丝《百福图》等都是这样；也有由一百个写法各异的篆体"富"字和"福"字组成的圆形图案，在古文中"富"就是"福"；还有一种形式是以正、草、隶、篆百种不同写法的"福"字组成矩形图案。

更有一种奇特形式的《百福图》是以龙爪文、虎爪文、凤鸟文、大象文、龟书文、鱼书文、垂云文、流水文、翠竹文、芝英文、枫叶文、杉影文等一百种"福"字组成，看上去既是"福"字，又是福图。如苏少洤《百福图》就是这种"福"字图案构成的《百福图》，还配有寿山福海、松鹤延年等十幅祝福图，十分好看。慈禧太后1888年也曾作有这样的《百福百寿图》。在朝鲜有《百福百寿图》绣屏风，也是这种既是字又是图的"福"字和"寿"字。这种《百福图》不仅是人们祈福祝福的吉祥物，也展示了中国"福"字书法的博大精深。

《百福图》不仅被人写在纸上，也被用在各种工艺品上，如清康熙青花《百福图》茶叶罐、清代象牙雕百福纹笔筒、清代百福图紫砂壶等；还有清乾隆缂丝百福本屏，图中间的大"福"字，四角各有一对寿桃，一百个篆体"福"字之间，用暗八仙图案相隔，寓意八仙祝福祝寿，福寿绵长。清代紫檀框漆地嵌玉百福字挂屏，紫檀框，紫红退光漆地子，正面镶嵌一百零四个字体各不相同的青玉"福"字，背面髹黑退光漆，光素无纹饰；挂屏制作工艺考究，漆地平整，这些"福"字各有出处，笔画婉转流畅，显示出深厚的功底。

以蝙蝠为主题的吉祥图案在我国应用非常广泛，民间雕刻艺术家顺应中国老百姓的传统欣赏习惯，充分利用一切可以利用的部位装饰点缀。在建筑装饰中，除了在神龛、墓室、经幢、高塔和民宅的斗拱、雀替、门楣、迎风、柱石、阶石、影壁、牌坊、走廊等必有以外，就是在门框、窗棂、门墩、栏杆、座磴、石桩等细小的地方，都要雕琢精美的蝙蝠图案，一使建筑物显得精致华丽，二使建筑物具有福文化的内涵。生活用具也不例外，大到床榻、桌椅、条几、衣架、镜框，小到梳妆匣、牲口食槽，都可以雕上玲珑的花纹，其中最多的就是蝙蝠图。

◎ 南昌安义世大夫第木雕窗扇百蝠图

◎ 乾隆缂丝百福本屏

　　江西南昌安义世大夫第建造于清代乾隆年间，宅院占地5500平方米，有48座天井，37对厢房，108处起居室。主人黄秀文幼年丧父，后独立创业，成为富甲一方的名商。生动精湛的木雕、石雕和砖雕是世大夫第的第一大建筑特色，在古屋后堂天井两侧的12块窗扇上共雕有98只蝙蝠，加上两扇花门的裙板上也各雕有一只蝙蝠，共100只形态各异的蝙蝠，名曰"百蝠图"。这些蝙蝠起伏生动、立体效果好；"卍"字纹衬托图案精细均匀、线条划一、图案性强，写实与装饰性图案相结合的画卷，配上那一个个的窗洞，既有万象更新、美满幸福的意境，还有着通风透光的实用功能，其写实、写意与实用性的结合、装饰方法和工艺水平，都是非常精湛的，可谓匠心独运，是一幅极其难得的艺术杰作。

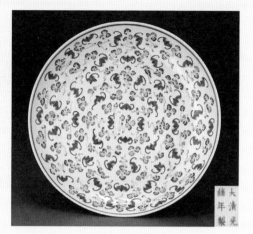

◎ 清代釉里红百蝠鹿头尊　　　　　　◎ 光绪粉彩描金百蝠盘

　　在器物方面，明代就开始在瓷器上绘百只蝙蝠，谐意"百福"，在清代瓷器中更为常见，多以红色蝙蝠纹寓意百福不断、洪福齐天。清代釉里红百蝠鹿头尊，为少见的釉里红，器身满绘红色蝙蝠，纹饰绘制精细，布局紧凑，蝙蝠图案繁而不乱，极富层次感，寓意洪福齐天、百福骈臻；红色蝙蝠与双鹿耳组合一起，寓意福禄双全。鹿头尊，因形似鹿头得名，寓意吉祥，乾隆时期最为盛行。清光绪粉彩描金百蝠盘，盘内外壁以粉彩绘栩栩如生的红色百蝠飞舞在粉彩如意流云之间，色彩艳丽，极富动感。

　　百蝠纹的主题是清代同治、光绪两朝宫廷的经典图案，清光绪蓝地绣百蝠纹大襟夹褂襕，是清宫后妃在春秋两季外穿的便服，亦称大坎肩，前后均绣千姿百态的蓝地百蝠图案，其间绘以杂宝纹，色彩鲜艳；边饰采用白地花蝶纹绦与金地小朵花绦，石青绸百蝠纹边与主题相呼应，给人以富贵喜庆之感。清代缂丝《百蝠图》，绘一百只姿态各异的蝙蝠口衔各种宝物，寓意吉祥，蝙蝠纹饰内容丰富，布局错落有致，繁而不乱，疏密有间。

　　北京颐和园仁寿殿内两侧的暖阁是慈禧太后、光绪皇帝和王公大臣休息的地方，当中悬挂有一幅缂丝工艺品《百蝠图》，绘有一百只栩栩如生的蝙蝠和缭绕的彩云，中间是慈禧太后亲笔写的楷书"寿"字，也称为百福捧寿。

　　"百福骈臻"一般为祝贺、祈福之类的贺词，"百福"指很大的福运、福气，"臻"是极的意思，表示各种福运、福气集于一身达到极致，"骈臻"则是一并到来的意思，也说万福频臻、百福具臻、百福齐臻，三国魏人邯郸淳的《赠吴处玄诗》说："天休方至，万福尔臻。"也就是万福频臻，指的是多福多来常来的意思；《旧唐书·李藩传》说："伏望陛下每以汉文孔子之意为准，则百福具臻。""百福骈臻"在春联中常常见到，如"千祥云集庆有余，百福骈臻贺新春。""三阳开泰来，处处三春美景；五福骈臻至，家家五谷丰登。"

　　清代内廷只要遇到各种喜庆事都要演出祥征端应的戏本，也称喜庆戏，凡遇皇帝、皇后的生日，更要举办大型演戏庆典，称为"九九大庆"，这是宫中最隆重的节日，每次连演数日乃至十数日。皇帝的剧本有《九如颂歌》《百福骈臻》等，皇太后过寿演《龙凤呈祥》《芝眉介寿》等，皇后则承应《恭祝千秋》《螽斯衍庆》等。《百福骈臻》演出的内容是，福德星主率众仙童恭诣御前，执神旗和"福"字幡，持红蝠和青瓶，寓意洪福清平；献万福攸同之舞以显寿征，众神同声歌颂清帝文治武功、开辟疆土、修堤通渠、体恤民情、出资赈灾等治国政绩。今天可以见到的剧本，是清同治十一年（1872年）升平署演出本昆腔《百福骈臻》，为清代宫廷庆典承应戏中"万寿圣诞承应"

◎ 清代千祥云集，背百福骈至大型花钱

◎ 林纾《百福骈臻图》

和"皇上大婚礼成承应"剧目之一。

"百福骈臻"还是画家喜爱的画题，近代大翻译家林纾以意译外国小说著称于世，人称"林译"，又好写小说，善画山水，1920年作《百福骈臻图》，不失文人清雅。

三、流云百福，福运绵延

传统吉祥图《流云百福》是以蝙蝠与流云纹组合为图，蝙蝠象征福运、福气；流云为祥云，寓意吉祥，祥云纹的"云"字与"运"字谐音，云是吉祥图案中的主要形象，丰富生动，有一种独特的意境美，而流云是其中一种形象造型，一般都伴随着神仙、神禽、宝物等组合成吉祥纹图。

◎ 乾隆粉彩镂空刻云蝠纹斋戒牌

流云形似如意，能雨润万物，造福大地，象征幸福如意，绵延不绝；与蝙蝠纹样合在一起，在民间被命名为福运（蝠云）纹，寄托着人们对吉祥福运的渴望。如清代杂宝云蝠纹绢本镜片，描绘用金银两色，为云蝠纹，杂以古琴、拂尘等图案，古韵典雅。清乾隆粉彩镂空刻云蝠纹斋戒牌，椭圆形牌结合镂雕和模印技法制作，工艺复杂，双面雕刻云蝠图案，并以红、绿、黄、蓝诸彩渲染，形成红蝠高起、彩云

◎ 万历青花五彩百蝠罐

◎ 清代杂宝云蝠纹绢本镜片

相叠的装饰效果；牌心开光，正反两面分别以满、汉两种文字墨书"斋戒"二字。

流云百福纹基本贯穿整个清代，清代官窑尤其喜欢用这个吉祥图案。明万历青花五彩流云百蝠罐，通体绘彩色蝙蝠，蝙蝠纹之间用青花绘勾流云纹相隔，蝙蝠纹生动形象，下部绘有寿山福海纹，整体造型隽秀俊朗，青花发色纯正艳丽，所用矾红料质量上乘，外绘纹饰，极为雅致。

清乾隆嘉庆青花矾红云龙纹七孔花插造型奇特，采用青花矾红装饰，为清代官窑特殊品种，通体满绘青花如意祥云纹，其间以矾红彩绘蝙蝠、游龙，上部主孔凸出，颈部绘红蝠衔桃，四周六孔拱立，绘红蝠满天，下部绘游龙穿行云间，形态恣意，气势雄壮。

清光绪青花矾红流云百福盖罐，以矾红描绘飞舞的蝙蝠为主题，辅助青花流云纹，自盖及罐身通体满绘青花矾红流云蝙蝠纹，釉色鲜艳，绘工精细，寓意洪福齐天、流云百福。流云纹画笔圆润，红彩蝙蝠画法很有光绪时期的特点，这样的纹饰常见于清代官窑器物。

◎ 光绪青花矾红
流云百福盖罐

"流云百福"又作"万福流云"，这种吉祥图案盛行于明代，至清代达到了巅峰，蝙蝠喻示福分无疆；万福的"万"字除表示数量多之外，又与吉祥图上的"卍"字相通，随佛教传入我国，"卍"字也来到中国，它是佛教表示瑞相的一种护符和标志，武则天时，指定这种吉祥符读"万"，与"万"字含义相同；这两种纹样与祥云纹组合起来，就有了流云万福的寓意。

明代典型抽象艺术表现形式的龙头蝙蝠，与明代四合如意云纹共同组合，就成了明代流行的吉祥图案万福流云。在北京恭王府的柱子两旁镂空雀替中将青绿云纹和两只蝙蝠描绘在一起，其中一只蝙蝠还含着一个"卍"字，组合起来就是万福流云的意思。

四、开岁百福颂新春

"开岁百福"作为新年的祝福语，意思是新年到来，各种福分也随之到来。开岁，指新的一年开始。汉代冯衍《显志赋》说："开岁发春兮,百卉含英。"宋代陆游《幽居杂题》诗之一说:"开岁频风雨,清明气始和。"这里的"开岁"也是指阴历正月。

百福,指多福,出自《诗经·大雅·假乐》:"千禄百福,子孙千亿。"表示各种福气集于一身达到极致,是一种赞美的祝福语。明代洪应明在《菜根谭》中说:"心平气和者,百福自集。"人只要心平气和,就会有各种福分积聚身边。民间流行一句话:"君子怀德,百福自集。"是说君子胸怀德义,修身养性,各种福分自然汇集其身。民间有这样的对联:"福气临门招百福,祥光入户纳万祥。"横批:"百福呈祥"。还有:"百福呈祥迎春节,国泰民安拓盛元。"横批:"聚福呈祥"。

如同春联、年画,《开岁百福图》作为一种迎年、贺岁文化,题材都以吉祥、热闹、喜庆为主,著名画家张大千、张善孖兄弟在除夕守岁时绘制过各种类型的《开岁百福图》,每幅画都配以题款,送给至交祝颂新春,既洋溢贺岁喜气,又不失淡雅之致。张大千1969年所创作的《开岁百福》,又名《祥凤迎福》,款识:"蜀人张大千爱写颂,五十八年(1969年)己酉开岁百福。"这是张大千新年前所绘,以此为样本制成贺年卡片,祝亲友新年百福。他在1976年还作过另一幅风格迥异的水墨画《开岁百福图》。

五、百福景观放异彩

中国人不仅把福深深印在心里,还把福以不同的形式镌刻在神州大地上,在全国各地各种"福"字景观数不胜数,如大连金石万福鼎高5.6米,代表中华56个民族团结奋进;宽4.8米,象征着祖国四面八方幅员辽阔;鼎身铸有1万个"福"字,象征着福降天下。

深圳市宝安万福广场巨型陶浮雕万福壁是目前国内最大的浮雕作品,天、地、人合一,是福中之福,已载入吉尼斯世界纪录。万

◎ 福州长乐百福公园

福壁长 130 米，高 5.67 米，用红色紫砂经 1160 摄氏度高温烧制而成，气势宏大、庄重、朴实、浑厚。搜集了从最早的象形文字到钟鼎文、碑文、铭文、牌匾、字帖，以及源于民间包括正、草、隶、篆等字形的"福"字近万个，较完整地体现了"福"字发展的历史过程，构成了中国文化史上具有独特风格的福文化巨幅长卷。

福州长乐区百福公园，最抢眼的就是中心广场的高 9 米、宽 15 米的巨型大茶壶，内设有水循环系统，不断地从"壶"里倒水至"茶杯"中，构思造型生动形象，气势宏大，"壶"与"福"谐音，取名为"百姓之福"，构思寓意是为百姓聚福；公园大门两侧有"百福照壁"，以石雕形式展现各种字形的 100 个"福"字，形态各异，体现百福骈臻，千祥云集的寓意。"百姓之福"与"百福照壁"，寄托了百姓祈福、盼福、迎福、聚福、造福的美好愿望。除此之外，百福公园还有与青山绿水融为一体的福、禄、寿、喜、财五个主题生态文化园。

威海幸福公园的幸福门被誉为"威海之门"，是威海的标志，代表着威海现代化的城市形象。在幸福门下，地上有一个凸起的圆形锻铜建造的百福坛，高 1.38 米，直径 13.8 米，重 13 吨，由篆书、隶书、草书等不同字体的"福"字组成，排列成五圈的"福"字，寓意"五福临门""五福同享",而百福坛正是威海千公里幸福海岸线的起点。祈福祝福的人们在这里开启幸福之门,每天都会有众多游人在百福坛上面"踩福(采福)",尤其是每逢新年到来,这里更是聚集了无数的人,表达对新一年的良好祝愿。

　　最引人注目的是有中国第一福塔之誉的云南楚雄福塔,这是座展示中华福文化深厚内涵的百福景观古塔。福塔的一层外壁用红岩雕刻历代帝王如唐太宗、宋徽宗、清高宗等所写的"福"字;塔内每层展示福的一个主题,一层财源广进、二层事业兴旺、三层学业长进、四层家庭和睦、五层子孙成才、六层平安吉祥、七层从善积德、八层健康永驻、九层延年益寿。一层大厅置放一枚由两个青铜送财童子扶托的铜铸古钱币"万福通宝",墙面镶有墨玉大理石雕刻鎏金的孙中山、毛泽东、周恩来、刘少奇、朱德、邓小平手书"福"字;二至八层各立一尊不同形态的铜铸弥勒佛,九层悬挂高 1.48 米,重1.2 吨百福铜钟;每层的斗拱、梁柱、藻井彩绘各种福吉祥图案。一层有四道刻有"福"字的铜门,二至九层均有椴木雕刻的"福"字,

◎ 深圳福永镇万福广场万福壁

◎ 云南楚雄福塔

塔内塔外，集中了甲骨文、金文、隶书、楷书、行书、草书，以及彝文、东巴文、满文、蒙古文、朝鲜文、维吾尔文、藏文、水族文字、傣族文字等各少数民族文字的"福"字，各体"福"字和各种福图案不胜枚举。塔内每层高挂数盏木雕"福"字宫灯，夜幕降临，流光溢彩。福塔正南的红岩石广场上蠢立着 6.9 米高的青石福碑，正面镌刻毛泽东手书的"福"字，背面是楚雄福塔记。塔的东面是古典四合院"福苑"，碑的南面是拾级而上的福道，数百米福道上立有三道高十余米的青石"福门"牌坊，走福道，进福门，览福苑，观福碑，入福塔，登塔赏景品福，各种福韵尽现眼前。

第九章

祈福与摸福

祝福是吴越一带被视为年终大典的一种民间节令风俗。在绍兴古城，一年一度的祝福，无论贫民还是豪绅，自阴历腊月二十至除夕，家家户户都在忙着准备祝福。鲁迅名篇《祝福》描写说："这是鲁镇年终的大典，致敬尽礼，迎接福神，拜求来年一年中的好运气的。杀鸡，宰鹅，买猪肉，用心细细的洗，女人的臂膊都在水里浸得通红，有的还带着绞丝银镯子。煮熟之后，横七竖八的插些筷子在这类东西上，可就称为'福礼'了，五更天陈列起来，并且点上香烛，恭请福神们来享用；拜的却只限于男人，拜完自然仍然是放爆竹。年年如此，家家如此……"

祝福，又称作福，作年福，作冬福。清代范寅的《越谚》说："祝

◎ 鲁迅《祝福》插图

福,岁落谢年、谢祖神,名此。"清代范祖述《杭俗遗风》也说:"岁终,家家必祀年神,俗谓之烧年纸。送神而后,合家团聚饮食,名曰散福。"祝福除了报谢祖神保佑一家过去一年平安外,更重要的是对来年幸福的祈求。祝福时祭祀供奉的神祇,在绍兴一带俗称"祝福菩萨""大菩萨",神像上印有"黄山西南"和"南朝圣宗"两种,"黄山西南"的神像上是两个神祇,"南朝圣宗"上印有帝王将相多人。

关于祝福和"祝福菩萨"的来历,民间有两种传说:

相传两宋之交,金兵大举南侵。民间有兄弟俩,腊月年底从萧山探亲回来,路过铁岭关,遇上金兵抓人当向导。因当地百姓不从,金兵正准备涂炭生灵,大开杀戒。为了制止金兵的大屠杀,兄弟俩挺身站出,冒死带路,趁着黑夜翻山越岭,把金兵带到黄山西南海边的一片滩涂上,佯装走不动,声称要停下休息。到了午夜,海潮似千军万马席卷奔腾涌来,滚滚巨浪吞噬了大队金兵人马,兄弟俩也为国捐躯。为了纪念这兄弟俩,在不知他们姓名的情况下,百姓就以他们牺牲的地点为名,尊称他们为"黄山西南",画像供奉,举行追祭仪式,逐渐形成了一年一度的祝福大典。

另一传说在明清鼎革之际,清兵南下,一批抗清志士拥戴明朝福王朱由崧称帝南京,史称南明王朝。后来,朱由崧兵败被俘,在北京遇害,一批抗清名将也壮烈牺牲。因反清复明在当时不能公开进行,浙江一带百姓就假借过年祭祖谢神,偷偷地祭祀那些殉难的抗清忠烈,默默祈祷有朝一日光复明室,由此相沿成习而为祝福的仪式。据说"南朝圣宗"神像正中穿着帝王服装的是福王,旁边的是左光斗、杨继盛、史可法、张苍水等名臣。

两种传说尽管不同,但在反对外族侵略和发扬爱国精神上却是一致的。"黄山西南"与抗金志士有关,"南朝圣宗"则与抗清志士有关。时间久了,人们为了图方便,就将两者混称为"祝福菩萨",年终祭祀供奉,以报谢过去一年的平安,并祈求新的一年的福祉。

祝福的仪式十分隆重，日期一般选在大年三十前的某一天，如果立春节气在年内就要提前举行，以示与"作春福"相区别。时间上又分天未明或黄昏时分两种，前者叫前进福，后者叫懒惰福，鲁迅描写鲁四老爷家的祝福是前进福，在五更将尽时举行。祝福寄托着一家老少在来年的希望，诸如财运亨通、阖家平安、老人长寿、小儿康健等等。

日子选定之后，拂晓之前就开始祝福仪式，抬出两张八仙桌，视桌面木纹横向并列在堂屋神像前，桌上摆三牲福礼，如鸡鹅、猪头及鱼，福礼各装在红漆圆盘内，上插许多筷子，旁边还备一把厨刀和一碗煮熟的牲血，表示全鸡全鹅全猪福礼丰盛。福礼中还须备有豆腐、食盐、年糕、粽子、水果以及三盅茶六盅酒。福礼的摆法颇有讲究，鸡鹅要头朝福神跪着放置，表示欢迎福神来享用；一尾活鲤鱼先养在水缸里，福礼摆毕才将鲤鱼取出，用红绳穿过鱼的背脊，悬挂在龙门架上，是取"鲤鱼跳龙门"的吉兆，祭神后仍将鱼放回水缸，待天明后送到河里放生。

祝福仪式的程序大致为：祭神开始先焚香燃烛，再由家中男性成员按辈分大小逐个依次行跪拜礼，请神拜神后，鸣放鞭炮，到庭院焚化纸元宝、神马等，接着将八仙桌改成直摆调转福礼，拔下筷子，拜神祭祖，俗称作回盘羹饭。祭拜送罢福神，用煮福礼的汤汁煮年糕，全家人同吃共享，叫作散福，表示福神所赐之福分散给了家人。祝福仪式中，最热闹的是在鞭炮声中焚化纸元宝、神马，当纸元宝燃烧过半时，从供桌上请下神马，往火焰上一放，热气流将燃着的神马向上托起，象征福神已吃饱福礼返回天上，并将在新年里赐福这户人家。鲁迅先生在《祝福》中描写说："我在这繁响的拥抱中，也懒散而且舒适，从白天以至初夜的疑虑，全给祝福的空气一扫而空了，只觉得天地圣众歆享了牲醴和香烟，都醉醺醺的在空中蹒跚，预备给鲁镇的人们以无限的幸福。"

第九章 祈福与摸福

二、客家"作大福"

　　祈福求福是老百姓孜孜以求的生活追求，在福建民间一直流传着祖辈相传沿袭的"作福"习俗，传达出人们希望幸福平安的愿望。在众多民俗活动中，富有特色的客家地区"作福"民俗格外引人注目，人们把游神、打醮、祭坛、庙会、祭神等活动统称为"作福"，也叫"作大福"，就是祈福祝福的意思。虽然"作福"的名目不同，有一乡、数乡共同的，有一村、一户特有的，但时间固定，每年如期举行，对客家人来说，"作福"是仅次于春节的盛大节日，一直延续至今。

　　每逢阴历子、午、卯、酉岁次的九月十一至十五举行的福建永定湖坑村土楼客家李氏家族的作大福仪式历史悠久，规模宏大，名闻十里八乡。在当地，流传了200多年的"作大福"民俗活动每三年举行一次，比春节还隆重热闹，成千上万的村民齐聚在土楼前祭神祈福，祈望来年五谷丰登，风调雨顺，合境平安。"作大福"自有它的来由，明朝末年，土楼山区瘟疫流行，尸横遍野，客家人请道士打醮，无奈瘟疫依旧横行。一天，湖坑有五个小童下河洗澡，突然都跳起神来，一直跳到马额宫前，口中念念有词，说要请保生大

◎福建永定湖坑作大福

207

帝阴历九月十五日出宫降疫，必须先斋戒五日。于是，人们为祈求平安，就依此而行，祈求保生大帝来降疫，瘟疫才得以禳解。为报保生大帝禳灾救民的大恩大德，每年的重阳节后，客家人都要敬神演戏，以谢神灵，久而久之，就逐渐演变为"作大福"习俗，也寓意湖坑大福、福满湖坑。

"作大福"十分隆重，时辰一到，三声铳响，各路公王依次起轿上路，前往大福场，霎时鼓乐喧天，火铳鞭炮震天动地，队伍浩浩荡荡，旌旗遮天蔽日，看热闹的人熙熙攘攘。抬神轿的人黄衣蓝裤，扎红腰带，裹红头巾，一摇一晃地往前走，吹打的、放铳的、扛大旗的、摇小旗的、抬故事（指化装成古装戏曲中的故事人物）的、舞狮的、提香篮的，跟着神轿缓缓而行，所到之处，家家户户都在家门口摆上供品和鞭炮迎接。队伍到达土楼五峰楼前的大福场后，人们开始开斋戒、行荤腥之祭，滚滚浓烟中用全猪全羊供奉，大福场神台中置一屏风，为湖坑李姓清代名贤受恩赐之物，屏前为"康太保刘汉公王"神位；西头搭起一座大戏台，南边有吹唱班、木偶班演出，北面放映电影；中间供场上空，拉起彩条旗作天幕，供场

◎ 五峰楼前大福场上的壮观场面

的供桌摆满各村 1000 多户同时上供的糍粑、斋团、圆子、米板、豆腐、豆干、各色糕饼、各色糖果、水果、蔬菜、茶、酒等供品，供桌上小盘叠大盘堆得满满的，盘中的糖果拼出了"福禄寿全"等各种吉祥图案。人们还带上一盏祈福灯，贴上自己的愿望，到大福场上点亮后带回家中，祈祷愿望成真。经过打八仙、接太子、道士读赐章、礼生唱礼等传统的民间祭祀活动后，各家各户便将自己带来的供品收回，开始在大福场上大摆宴席，吃散福酒，在丰盛的午宴上，人们大块吃肉，大口喝酒，欢天喜地，这就是"散福""享福"，其核心内容就是福物所表达的种种福的含义。宴会后，还会给每个人送上发板、糕饼等福物带回家，象征把福带回去与家人共同分享。湖坑镇地大人多，除了李氏"作大福"之外，南溪的"作大福"也堪称典型，其他客家人居住的地区也都有作福，如广东梅州大埔客家人在湖寮黎家坪广福宫作保生大帝完福庙会。

"作大福"分为"春福"和"冬福"，以农耕为主的土楼客家人为了得到一个好收成，不断祈求神的保佑，春祈秋报，春天许愿，秋天入冬还愿，感谢上苍的保佑。

温州民间信仰活动最具地方特色的一种是拦街福，从清代开始盛行，经百年传承创新，如今成为集商贸、娱乐、旅游于一体的独特复合型民俗活动。

在古代，民间有"春许冬还"的习俗，就是在春天举行春祈许愿，祈求天神保佑当年丰收和一方平安；在冬天举行冬祭还愿，以此感谢一年来天神的赐福。拦街福属于春祈，又名平安福，有句话叫"春意渥，天降福，福在街头暗摸索，谁家拦去春常足"。初期的拦街福是一种单纯的信仰民俗，后来人们以娱神为名，逐渐增加了丰富多彩的文化娱乐活动，与此同时，沿街各个商店为了招揽生意，在店门口和店堂内别出心裁地布置各种新奇的装饰和摆设，吸引顾客上门，形成了一片热闹繁华的景象。

根据历代诗人的吟咏，早在清康熙、雍正年间，温州已出现拦

◎ 温州拦街祈福巡游

街福的雏形了，诗文里虽未出现这三个字，但都凸显了后来拦街福的特点。当时以信仰民俗作为主线，融入文化娱乐，这种从娱神到娱人的情景已初见端倪。到同治年间，这种习俗在温州民间已非常流行，并具有了一定规模，"拦街福"名称也正式出现了。当时曾担任永嘉太守的郭钟岳曾写有《东瓯百咏》，其中《拦街福》说："春祈饮酒会拦街，酒醴笙簧处处皆。今夜出游新雨后，青泥污损凤头鞋。"

旧时，每逢春季，在温州城内都要举行一次盛大的拦街福，时间是阴历二月初一，从东门康乐坊开始，到三月十六府前街为止，时间长达40多天，温州的主要街道依次举行祈福活动，分段轮值，张灯挂彩，红幔遮天，遍搭彩楼，百戏横陈，弦管奏作，娱乐活动丰富多彩。商店提前备足各种货物，风味小吃比比皆是，各乡群众，数以千计，涌进城内，他们穿着新衣，手提礼包，扶儿携女，走亲访友，俨如过节。今日的拦街福都在温州城内的锦江路一带进行，成为地方性传统节日。

四、金猪还福，一道疍家民俗盛景

疍家的"疍"，原字为蜑，标准汉语为 dàn；也称作蛋家、艇家、水上人家等，是对广东、广西、福建在沿海港湾和内河上从事渔业及水上运输，并以船为家的水上居民的称呼，"疍"的得名，因他们居以为家的舟楫外形酷似蛋壳而来。

在广西，流传着龙母的传说，千百年来一代又一代地流传了下来。传说龙母是一位奇女子，率领百越民众战胜天灾人害，让当地的黎民百姓得以安居、生息、繁衍，因而深受人们的拥戴，成为造福百姓、保一方平安的"神女"。而在北海的传说，称龙母乐善好施，能消灾解难。北海外沙岛世代居住着疍家人，一直靠打鱼为生，信奉龙母。始建于清代道光三年（1823年）北海外沙的龙母庙，历来香火不断，尤其是在每年龙母诞期，前来朝拜的人更是络绎不绝。龙母一直被当地疍家渔民尊称为娘娘，不仅给外沙和附近的沿海渔民带来平安

◎ 蜑家人烤金猪、舞狮舞龙拜龙母娘娘

和富足，也给蜑家百姓的生产生活带来了吉祥。

　　每年的阴历正月十六是外沙蜑民一年一度向龙母庙祈福的日子，蜑民云集龙母庙举办隆重的许福祈福仪式，祈求龙母娘娘等诸神给外沙出海打鱼的渔民和百姓在一年生产生活中带来庇佑，使出海的渔民能平安满载而归，在家搞生产的百姓能安居乐业。当地蜑民扛着龙母神像，抬着烧猪，浩浩荡荡地走在大街上，最后来到龙母庙前舞狮舞龙，祈求新的一年平安、幸福、丰收。到了阴历的腊月十六，蜑民们还要向龙母举行金猪还福仪式，感谢神灵保佑亲人一年里安然无恙。蜑家每年在龙母庙通过年初祈福、年终还福来表现对美好生活的一种向往，已经成为北海一项古老的民俗活动，有着浓郁的民族特色。

五、麒麟送福，家家祥瑞

　　麒麟是传说中的一种仅次于龙的祥瑞之兽，麒为雄，麟为雌，麇身，鱼鳞，马蹄，牛尾，独角，角端有肉。麒麟送子的典故，与孔子出生的传说有关，东晋王嘉《拾遗记》说孔子是王侯的后代，

◎ 清代麒麟送福雕花板圆盘

◎ 清代樟木雕五彩描金麒麟送福

出生前有麒麟在孔子家的院子里口吐玉书。因此人们以麒麟喻仁厚贤德和富有文采的子孙，麒麟象征祥瑞，为人送福纳福，后来转化为可送福、送子嗣的吉祥灵兽。

麒麟形象出现距今已经有 2500 年以上，由最初的图腾信仰慢慢融入文学当中，如唐代韩愈的《获麟解》、宋代黄庭坚的《麟趾赞》等无一不是赞誉麒麟的，并逐渐走向造型艺术和表演艺术，成为陶瓷、年画、剪纸、泥塑、刺绣、金玉饰、建筑、雕刻等艺术创作的素材。麒麟是一个福神，代表的是福运、富贵；麒麟又是一个送子神，表示麒麟送福送子到富贵之家。清代樟木雕五彩描金麒麟送福，雕刻麒麟口衔梅花、福桃，梅花喻福，福桃是寿的象征。清代麒麟送福雕花板圆盘，主图镂空雕麒麟抬头仰望天上飞来两只蝙蝠，主旨突出，寓意明确。

在民间还流行麒麟舞，这是一种老百姓喜闻乐见的民间舞蹈，寓意招祥纳瑞。麒麟舞作为中国最早的拟兽类舞蹈，是产生于春秋战国之前远古的汉民族图腾舞种，承载着汉民族的精神、信仰、价值取向和审美情趣，在民族学、民俗学、宗教学的研究上有着特殊的意义。河南省兰考县红庙镇樊庄村麒麟舞颇具特色，麒麟浑身绿色，长着鹿角、马面、鱼鳞和冲天牛尾。演出时，一只麒麟要两个人分别扮演头和尾，随着鼓点，麒麟举手投足都十分利落，几个演员搬张桌子放在场地中央，麒麟跳上去，扮演麒麟头的演员骑上扮演麒麟尾的演员脖子，麒麟尾一用劲，整只麒麟就在桌子上站了起来。这叫麒麟望月，是麒麟舞中最难的动作之一。

六、闽台乞龟摸福

　　龟在中国传统文化中被视为吉祥之物，与传说中的神物龙、凤、麒麟并称为四灵，龙、凤、麒麟三物在现实生活中并不存在，只有龟确有其物。龟的文化内涵十分丰富，在传统文化中影响巨大。在民俗中，龟是重要角色，是福的象征，尤其是闽南人崇敬的神物。龟崇拜习俗由来已久，闽南人崇敬的保生大帝被说成是白龟转世，更集中体现了闽南人对龟的特殊感情。

　　台湾同胞中 80％ 是闽南移民，闽南崇龟文化也随之传到了台湾。宜兰县的龟山岛被视为当地的保护神，又是旺丁旺财之地，相传当年郑成功部队到达南投县一个村庄时，溪中浮出一只大龟，人们认为这是郑军胜利民众幸福的吉兆。从此，这个村庄被称为福龟村。

◎ 2013 年泉州天后宫与台湾澎湖天后宫联合制作的米龟

在福建和台湾两地流行的乞龟摸福民俗，就是用一袋袋大米堆成大米龟，供人抚摸，民间流传"摸龟头，盖大楼；摸龟嘴，大富贵；摸龟身，大翻身；摸龟脚，吃不干；摸龟尾，吃到有头有尾"的说法；乞龟摸福后，将大米龟分给众人带回家分食，也就是带福还家，隐喻"呷（吃）平安"，故乞龟又称乞平安龟；又因龟象征长寿、福禄，乞龟又称乞寿龟、乞福龟。

2012年福州民俗文化节上，在福州乌山高爷庙内，用1.3万斤大米叠成了一只长3.5米左右的大龟，象征着国泰民安，大米全部由市民认捐；乞龟摸福大有讲究，等到用朱砂为米龟点睛后，陆续前来的市民排起长队依次先摸龟头，然后再绕圈摸龟的脚和尾巴，摸不同的部位，代表不同的寓意，每个部位都摸，自然是"福禄寿喜财"五福俱全了。乞龟摸福活动结束后，主办方将这些大米捐赠给福利院及困难家庭，也算是散福了。

自2007年起，泉州天后宫与澎湖天后宫开始携手合制大米龟，举行乞龟活动，为两岸民众祈福，成了泉、湖两地携手举办的一项传统闹元宵活动。2013年元宵佳节，泉州市区的天后宫举行第七届泉州·澎湖"乞龟"民俗文化活动，祈求新的一年里国泰民安、风调雨顺、家庭幸福、身体健康、事业兴旺。展现在人们面前由泉、澎两地的天后宫合制的大米龟长约10米，宽约6.7米，总重量达5.2万斤，创历届之最，也创造了国内历史上最大的米龟；按习俗，点过睛的米龟，就会睁开熟睡的双眼，为摸龟的人祈福；泉州与澎湖的民众一早便赶来"乞龟"，摸龟的人数也创下新高，人们争先恐后聚集到天后宫内乞龟摸福，先过了平安桥，祈求一年平安如意后，排起长龙乞龟摸福，口念"乞龟口诀"，不少人摸龟时还和米龟拍照留念，从头到尾摸遍大米龟全身，从早到晚人流络绎不绝，直到晚上十点多，依然还有许多人在排队等待。

乞龟摸福习俗早在200多年前从泉州传到澎湖后，每年元宵期间，澎湖宫庙都会举办乞龟活动，成为当地最富传统的文化习俗，祈盼来年幸福安康。

七、走福路、摸福石、绕福树

　　自明代开始，山东泰安岱庙就有摸福祈福的习俗。岱庙天贶殿前立有一块奇秀玲珑之石叫扶桑石，在扶桑石前十多米处，有一棵粗壮的柏树，树中间有一道长长的凹沟，沟中间是一个树眼，这棵树就是著名的孤忠柏。人们围着扶桑石闭上眼睛先左转三圈，再右转三圈，然后继续紧闭双眼朝孤忠柏走去，谁摸到孤忠柏树干上对着扶桑石的那个树眼，谁就得到山神的赐福，向泰山神求子则得子，祈福则得福，想发财的则可发大财，就是说摸到了福气，心愿达成，是大吉祥的征兆，由于"树"和"福"谐音，所以，"摸树"就意味着"摸福"，人们摸到福后，还会虔诚地把握紧的手往兜里一放，表示将"福"装在兜里，带在身边。游客来到岱庙都会去摸福，在观赏岱庙有深厚底蕴的文化景观时，通过参与也得到了一种别样的乐趣。

◎泰安岱庙扶桑石和孤忠柏

岱庙中的摸福活动主要是"摸福石、摸福树"。福石就是扶桑石，人们闭着眼睛围着它左转三圈右转三圈，此时人便迷糊了，所以它又叫迷糊石。扶桑石上布满孔窍，玲珑可爱，中间一圈，不知道被人抚摸了多少遍，已经变得光洁如玉。所谓"扶桑"，是古代神木的名称，传说太阳从它的下面升起。这块石头的下面有明嘉靖年间吴兴人沈应龙所题"扶桑石"三字，据说与泰山是日出之山相呼应。

孤忠柏也称为福树，传说是唐代忠臣安金藏的化身。太子李旦被诬谋反，武则天下令查处此事，安金藏为洗脱太子罪名，当众引佩刀剖腹，为太子鸣不平。安金藏死后，他的魂魄来到东岳泰山，面见泰山神，状告武则天任用酷吏、滥杀无辜，连自己的亲生儿子也不放过，要求泰山神惩治其罪。泰山神感其忠心，令其化作一棵柏树，侍立于殿前，日夜守护着山神，赐名孤忠柏，列为岱庙八景之一孤柏披忠。

摸福本身蕴含着祈福的意义，这与泰山祈福迎祥主题十分匹配，也是泰山民俗文化的一部分。"福"是老百姓过年的永恒主题，到宗教胜地和名山大川祈福，已成为不可或缺的过年活动。每逢春节，泰安岱庙照例都要举行祈福迎祥春节庙会，而摸福更是其中一项重要的活动。

八、摸福佳处藏古寺

贵阳市黔灵山，素有"黔南第一山"之称，是中国西南佛教名山之一，以佛教文化和奇丽的自然景观为特色，自古以来就是著名的游览胜地。山上有名刹弘福寺，为贵州首刹，1983年被列为国务院公布的142座全国重点寺观之一。弘福寺是赤松和尚在清康熙十一年（1672年）所创建的，取名"弘福"是"弘佛大愿，救人救世；福我众生，善始善终"的意思，旨在弘扬佛法，造福天下。正对大山门的是九龙浴佛石壁，这里就是人们祈福摸福的好地方。

◎黔灵山弘福寺九龙浴佛石壁

　　九龙浴佛石壁图绘释迦牟尼佛诞生时，从天上飞来九龙吐水让他沐浴的景象，中间释迦牟尼佛站立在莲花座上，一手指天，一手指地，展现的是"九龙灌浴、花开见佛"的祥瑞妙境。石壁两边有联："三界超凡空色相，九龙护法见灵光。"因"佛"谐音"福"，加上释迦牟尼佛双腿之间有一金色的"福"字圆牌，于是就有了双福并至的寓意，人们竞相来此摸福。贵阳市民在除夕夜有登黔灵山弘福寺烧香祈福摸福的习俗，在下山途中须拾取柴火带回家中，"柴"与"财"谐音，寓意带财回家，财源广进。

　　这里的摸福习俗要游人在离照壁约十米开外的石壁前地上圆形地砖处，闭上双眼原地转三圈，然后平伸双臂向前走，如能一下摸到佛脚下的"福"字圆牌，会福星高照，一辈子有福气；摸到"福"字的"田"的部位，则表示有福有财，福运财运一起来。一次就能摸到"福"字圆牌，更是大福之人；如果没有摸到，可以再试一次，直到摸到"福"字圆牌为止。日积月累，那"福"字圆牌已被游人摸得发亮。

　　在四川，许多地方自古至今一直非常流行摸福习俗，几乎各处名寺都有摸福的好去处。

　　成都市新都宝光寺是著名的佛教禅院，在宝光寺山门前的照壁背面墙正中，有一方桌面那样大的石刻"福"字，人站在山门殿前约三十来步的地方，向后转身面向"福"字照壁，闭着眼睛去摸"福"

福——中国传统的福文化

第九章　祈福与摸福

◎ 成都宝光寺禅院门福字照壁前摸福

字，能摸到就算有福气、福运。摸"福"字成为游人来此求福的活动之一，人们到寺中，无论拜佛游览，都要摸福以求吉祥。这里还有另一种求福民俗，在长乐堂和念佛堂之间的莲池畔，人们将小硬币投入莲池水中，心里默祷："浮起！浮起……"如果硬币真的如愿浮在水面上，那就是自己求得了"福气"。如果失败，还可重来。每逢春节，人们都要到宝光寺通过上香、投币、点灯、摸福等方式祈求来年平安幸福。

　　创建于隋大业年间的成都文殊院是著名的禅宗四大丛林之一，游人如织，摩肩接踵，摸福是这里的一大祈福活动，尤其每逢大年初一，人们会排长队进香摸福。昭觉寺在成都市北郊，始建于唐贞观年间，原名建元寺，唐宣宗时改名为昭觉寺，素有川西"第一丛林"之称，被国内外禅宗临济宗奉为祖庭之一。成都昭觉寺庙门对面影壁上有和宝光寺相同的巨大"福"字，也有相同的摸福风俗，人们闭着眼慢慢走过去能摸到"福"字，就能得福，好运连连，万事顺利。

　　四川成都崇州晋代古刹光严禅院，因明太祖朱元璋的叔父悟空法师和明惠帝朱允炆均曾在此出家，使该寺庙在中国佛教界有着特殊地位。摸福是庙中一项祈福活动，尤其是每年阴历六月十九古寺

◎ 厦门南普陀寺"佛"字岩

庙会，人们从四面八方汇集到古寺，纷纷来摸福。川西佛教名寺成都市金堂县云顶山慈云寺，始建于三国蜀汉章武元年（221年），历代增修改建，至清朝中期，拥有九重十三殿，规模宏伟，丽甲西川，是川西驰名的古刹丛林之一，慈云寺高大的红墙照壁上有一个大大的堆塑花"福"字，游人到慈云寺都要摸一摸以祈福。

福建厦门南普陀寺是闽南著名古刹，位于市区东南五老峰下，始建于唐代，由于以奉祀观音为主，又在我国佛教四大名山浙江普陀山之南，故称南普陀。在藏经阁后五老峰前有大量的摩崖石刻，其中最吸引人眼球的，是清光绪十二年（1886年）振慧和尚所书金色的"佛"字，高一丈四尺（约4.66米），宽一丈（约3.33米），金光四射，煞是耀眼，引来游人纷纷烧香跪拜，祈福求福。大"佛"字左边有"心即是佛"四字石刻，大"佛"字岩下有对联："念佛一声福增无量，礼佛一拜罪减河沙。"用了一斤黄金镀的大"佛"字，是不能随意去摸的，为此在大"佛"字前增设了祭台和跪垫，只供游人拜佛，不能摸佛；但"心即是佛"的"佛"还是可以摸的，游人拜过大"佛"后，即可摸佛。

乐山大佛在乐山市城东岷江、青衣江、大渡河三江汇合处，是

福——中国传统的福文化

第九章 祈福与摸福

依岷江南岸凌云山栖霞峰临江峭壁凿造的一尊弥勒佛坐像，始凿于唐开元元年（713年），历时90余年方建成。大佛通高71米，头高14.7米，头宽10米，发髻1051个，从膝盖到脚背28米，脚背宽9米，长11米，被誉为"山是一尊佛，佛是一座山"，是世界上最大的石刻弥勒佛坐像。游人来乐山，先拜佛祈福，祈求全家有福，再摸佛得福。当然游人是不可能亲手摸得到乐山大佛的，但老百姓自有摸佛的好门路，游人在乐山大佛佛头的观佛台，都要"摸摸"大佛的头、眼、耳、口、鼻，称为摸五福，寓意五福临门，摸佛只不过是采用摄影中的借位手法，用手对着大佛的某个部位比画一下，但在照片里看来就好像是真的摸到一样。摸五福自有说法，摸佛头，福运当头；摸佛耳，福寿绵长；摸佛眉，遐福眉寿；摸佛鼻，福气长留；摸佛口，福海寿山。这种奇特的摸佛，正是印证了信佛是福，摸佛得福，佛在心中，福在身边。要真真切切地摸到大佛，游人往往都下山到大佛脚下去摸佛脚，也算是与大佛的亲密接触了。

杭州灵隐寺飞来峰最著名的是第36窟那笑口常开的大肚弥勒佛雕像，高约2米，胖头长耳，袒胸露肚皮，斜倚着布袋而坐，一手抓住布袋子，一手拿着佛珠，慈眉善目地笑着，正所谓：开口便笑，笑古笑今，凡事付之一笑；大肚能容，容天容地，于己何所不容。据说，整天乐呵呵的大肚弥勒佛的肚皮可以给人带来福运福气，腹大寓意福大，所以到此摸佛肚的游人络绎不绝，希望沾些福气。

五台山五大寺院都有108级台阶，台阶前面设有影壁，坐落在灵鹫峰上的菩萨顶相传为文殊菩萨道场，是文殊居住处，又名真容院、大文殊寺，是五台山最大的喇嘛寺院，也是国务院确定的汉族地区佛教全国重点寺院。在台阶脚下有一高大漂亮的影壁，正中书写一大"佛"字。一般的寺院都会在红墙影壁上写上"南无阿弥陀佛"，但在山西省五台山寺院写的是一个大"佛"字，游人一到五台山，导游就向游客介绍如何摸佛得福，尽管人们大都是抱着临时抱佛脚的心理，但还是要摸一摸佛，以至于"佛"字的一脚都被人摸得没有颜色了。

第十章　民间俗信

一、"福"字为何要倒贴

中国民间习俗，春节期间，家家户户都要在屋门上、墙壁上、窗户上贴上大大小小的"福"字。有趣的是，有的人将"福"字倒过来贴，意思是"福到了"，"倒"与"到"谐音，以图大吉大利，这种习俗的由来在民间有许多传说。

一说源于明朝开国皇帝朱元璋。话说朱元璋登基当了皇帝后，册封他在贫贱时娶的淮西马氏为皇后。有一年腊月三十，朱元璋微服出行来到京城长街上，看见许多人正在观看一幅灯谜画，上面画着一个大脚妇女骑着马儿，怀里抱着一个大西瓜。朱元璋一见这则灯谜，就明白了是什么意思：怀抱西瓜是谐音"淮西"，妇人骑马是表示马氏，灯谜的含意是嘲笑淮西妇人马氏脚大。朱元璋怒不可遏，密旨随从查清灯谜画作者的姓名住址，准备捉拿查办。为了使军士不捉错人，朱元璋灵机一动，将这家大门上挂的"福"字斗方随手一旋，让"福"字来了个头朝下，以作为抓人的记号。

朱元璋回宫后，一脸怒气未消，马皇后忙问究竟，朱元璋便把所见说了一遍。这马皇后是个心地善良的人，暗自思忖：人们张灯猜谜，欢欢喜喜过年，如果为这点小事就大开杀戒，实在是造孽。于是她等朱元璋睡后，让身边的心腹立即连夜出宫，把京城长街上家家户户大门上的"福"字全都颠倒过来。第二天一大早，军士们上街按记号抓人，发现家家门上全都倒贴"福"字，顿时傻了眼，不知该抓谁。朱元璋闻知后，也一点办法都没有，总不能把所有人都杀了。好心的马皇后为百姓消除了一场灾祸，百姓都说多亏这倒"福"，于是人们便将"福"字倒贴，一来为纪念善良的马皇后，二来求福到家门。年复一年，相沿成俗，倒贴"福"字成了中国民间重要的春节习俗。

二说源于清代恭亲王。传说一年春节前夕，恭亲王府的大管家

◎ 福到家门运气来

安排家奴扫尘贴"福"字迎新年。有个家奴不识字，把王府大门上的"福"字贴倒了。时逢恭亲王下朝回府，看见行人指着王府大门议论说：恭亲王府福倒了。他十分恼火，进府后立即喝令痛责这个贴"福"字的家奴四十大板。大管家害怕恭亲王怪罪下来自己受牵连，扑通跪地求饶说："奴才常听人说，恭亲王寿高福大造化大，如今大福真的到（倒）了，实乃吉庆之兆。"恭亲王一听觉得言之有理，心想怪不得过往行人都说恭亲王府福到（倒）了，真是个吉利口彩！于是便厚赏了能言善辩的大管家，又免去了那个家奴的板子，并赏银作为嘉奖。后来，倒贴"福"字的习俗就由恭亲王府传入百姓人家。

三说也与恭亲王有关。相传一年除夕，清宫按祖制惯例，开笔赐"福"字，慈禧太后给大臣书"福"赐福。恭亲王因浙江巡抚贿赂的5000两白银未如期到手而闷闷不乐，接"福"字磕头谢恩时，心不在焉，一不留神，竟把老佛爷赐的"福"字拿倒了。文武百官见此都为他捏了一把汗，太监总管李莲英想拍马屁，马上对满脸不悦的慈禧太后辩解说："老佛爷寿比南山，福如东海，新春迎福，福就真正到（倒）了。"慈禧太后听罢，满脸欢喜地说："福到了，福到！"立即高兴地赏赐恭亲王银两。恭亲王因祸得福，全因李莲英巧舌如簧，回府后赶忙派人送给他3000两白银，又命家奴在大门上重新贴上倒"福"字。这一做法逐渐被民间效法。

二、迎春纳福的门笺

门笺，在不同的地方有不同的称呼，如挂笺、挂千、挂签、挂钱、吊钱、喜钱、红钱、吊笺、喜笺、红笺、门吊、门花、门钱、门旗、花纸、彩飘、年彩、门市彩、报春条、吊千儿……门笺是典型的中国民间求福习俗，也是传统的春节门楣吉祥饰物，一般用红纸或彩纸剪刻而成，呈长方形，镂空的背饰有方孔钱纹、万字纹、水波纹等，上有吉语题额，中有吉祥图案或福禄寿喜等字，下有多种多样变化的穗，人们在除夕或元旦将门笺贴挂在门楣上庆贺新年。自古以来，贴门笺这一民俗十分盛行，成为新春佳节一道靓丽的风景线，其用意是祝吉纳福。

门笺的起源、发展，始终伴随着避祟驱邪、纳福求祥的内容。《后汉书》中《礼仪志四》《祭祀志九》都说，汉代迎春礼仪，每逢立春

◎ 福禄寿喜门笺

日，都要迎春于郊外，祭祀青帝句芒，百官穿青衣青帻，立青色幡旗在城门口，以青色象征万物生长、年丰民阜之意。到魏晋南北朝，民间形成剪彩燕、贴宜春的习俗。唐代流行着一种用双丝绢帛剪成的小幡，叫作春幡，或称幡胜、春胜，在立春那天，作为节日礼物，或簪在头上，或挂在柳枝上，或贴在门户上。李商隐在《骄儿诗》中说："请爷书春胜，春胜宜春日。"意思是骄儿衮师请父亲在自己剪彩制成的春幡上写"宜春"二字。

清康熙时，宫廷画家邹元斗画有一幅祝福新年伊始的风俗画《岁朝图轴》，画的上端绘有垂挂的五枚彩色门笺。清代桐城人杨米人在乾隆末年（1795 年）所写的《都门竹枝词》中描绘了家家户户为迎新年而布置得红红火火春意盎然的节日图景："挂门钱纸飏春风，福字门神处处同，香墨春联都代写，依然十里杏花红。"这"挂门钱纸"，就是北京俗语所指的"挂千"。清代富察敦崇在《燕京岁时记·挂千》中说："挂千者，用吉祥语镌于红纸之上，长尺有咫粘于门前，与桃符相辉映。其上有八仙人物者，乃佛前所悬也。是物民户多用之。"大概在唐宋之际，民间在门楣上贴春幡，以取代青幡，并逐渐流传开来。

三、左福右祸

中国民间有崇左的传统。老子《道德经》三十一章说："君子居则贵左。"可见古人以左边为尊贵。又说："吉事尚左，凶事尚右。"古人认为左阳右阴，阳生而阴杀。所以，老子说喜庆之事以左为上位，凶丧之事以右为上位。

古代礼仪以左为尊位，主人居右，宾客居左，主人常常空着左边的位置以待宾客，这叫"虚左"。《史记·魏公子列传》记载说，战国时期魏国信陵君非常尊重大梁城夷门的守门人侯嬴，一天，信陵君设宴大会宾客，发现侯嬴没有到，于是他亲自乘车，空着左边的位置去迎接，可见左边的尊位当由受尊敬的人或地位最高的人来坐。据宋人释文莹的《续湘山野录》记载，宋太祖赵匡胤、宋太宗赵匡义出身贫困，尚未发达时，有一天，赵氏兄弟和赵普同逛长安街市，遇见陈抟骑驴迎面而来。陈抟一眼认出了赵匡胤是"真龙天子"，下驴大笑，拉着赵氏兄弟的手就去酒肆饮酒。进了酒肆，赵普一屁股先坐在席左。陈抟不高兴地说："你不过是紫微垣中一个小星，怎么敢居上座？"一定要让赵普移到席右来。赵匡胤当了皇帝后，赵普为宰相。古俗以紫微垣星座为辅弼大臣的本命星座，所以，陈抟认为赵普不应坐席左的尊位。

民间流行"占眼跳法""占耳鸣法"等等，根据眼皮颤跳或耳鸣的时刻占验预测将要发生的事情和吉凶，通常会用"左福右祸"或"左吉右凶"的俗信观念去作判断。这种以眼跳耳鸣作为推断吉凶祸福的依据，俗称"眼瞤"和"耳鸣"（含耳热）。西汉末年刘歆在《西京杂记》卷三中记载，将军樊哙请教大夫陆贾究竟有没有瑞应这样的事，陆贾的回答是肯定的，并举例说："这事确实有。如果眼皮跳，就会有酒饭吃，所以，眼皮跳就祷告。"这则关于"目瞤得酒食"的记载，是很生动的有关汉代民间习俗和信仰的史料。东汉焦赣在《易林·乾之需》中也说，眼皮跳，脚抽筋，是如愿以偿的喜兆，全家人都将承受宠信和光荣，足见大约在汉代人们多以眼跳耳鸣为吉兆。

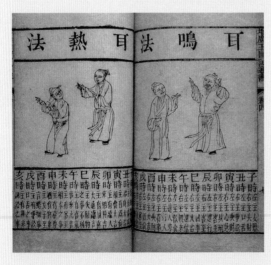

◎ 清刻本东晋道士许逊《增广玉匣记通书》六卷

东晋道士许逊的《增广玉匣记通书》六卷记载了民间流行"占眼跳法""占耳鸣法""占耳热法""占面热法"。古人判断眼跳耳鸣是吉是凶，多以方位为依据，占验时有"左福右祸"的俗信，即左眼皮跳福，右眼皮跳祸，耳鸣或耳热也是如此。民间这类说法特别多："左眼跳财，右眼跳灾""左跳喜，右跳愁""左跳发，右跳杀"等等。

"左福右祸"的俗信观念，最初当源于古人对太阳运行的观察，以及由此而划分方向的文化理解。原始先民们观察太阳每天运行的动态，以太阳升起的方位为东，太阳落山的方位为西，东方为日出之所，日出则带来光明、温暖、人类与禽兽的活动，跳荡着生命的气息；西方为日落之所，日落则带来黑暗、寒冷、人类与禽兽的伏居，透露出死亡的意味。作为方向符号字"东"和"西"的造字，使用了借代指事的方法，"东"的初文是画一"日"字和"木"字相重叠。木，代表植物茂盛生长之意；东是太阳升起的方向。"西"的初文画一鸟栖息在巢中，也是"栖"的初文，以此借意为傍晚鸟栖之时的日落方向。东汉许慎《说文解字》释"东"为从木、从日在木中。释"西"为鸟在巢上，象形，日在西方而鸟栖，故因以为东西之西。

所谓"左福右祸"之说就产生于"东阳西阴"和"东左西右"的观念。中国传统建筑房屋的朝向一般都是取坐北朝南，因此，太阳升起的东方便处在屋门的左边，而日落的西方则居于屋门的右边。这样一来，太阳的东升西落，又可以说成是左升右落，左阳右阴，左成了阳气的象征，右成了阴气的象征。换句话说，左表示生，右表示死，这种左生右死、左阳右阴的观念，便演变成了"左福右祸"的俗信。当然这种说法是没有科学依据的。

四、钟馗送福，恨福来迟

钟馗是中国民间传说中的捉鬼英雄，也是民间奉祀的大名鼎鼎的镇鬼神，俗信钟馗能捉鬼食鬼，认为家中悬挂钟馗像能够镇宅避邪，

◎ 清代天津杨柳青年画《恨福来迟》

祛恶纳福。钟馗捉鬼的传说源于唐代，唐玄宗让吴道子画《钟馗捉鬼图》，又御笔批示将这幅画刻版印刷，广颁天下，让人们在岁末除夕贴在家门上以祛邪魅。后世沿袭，遂成习俗。清代天津杨柳青、山东杨家埠年画《恨福来迟》，清代上海神马《镇宅钟馗》，都画铁面虬髯、浓眉怒目的钟馗挥舞斩鬼宝剑，上方飞来一只蝙蝠，寓意着将斩尽天下鬼魅，把福带给人间，寄托着人们祈求免灾去祸、迎福纳祥的美好愿望。

钟馗与蝙蝠结缘从而派生出吉祥语"恨福来迟"，是在明代开始流行的。烟霞散人《斩鬼传》卷一说：钟馗被封为驱魔大神后，前往人间斩妖邪，过了枉死城，只见奈何桥上站着一个小鬼，拦住去路，大喝道："何处魔神，敢从俺奈何桥经过？"钟馗怒道："唐天子封俺为神，阎君助俺兵将，你是何人，敢在此拦路？"那小鬼听了说道："原来是位尊神，往那里去也？"钟馗道："唐天子命俺遍行天下，以斩妖邪，俺就遍行天下去也。"小鬼道："尊神既要遍行天下，俺情愿相随。"钟馗道："汝有何能，要来随我？"那小鬼

祥瑞——中国传统的福文化

第十章 民间俗信

230

道："禀上尊神，俺这鬼形是适才变的，俺的原形是那田间鼹鼠。曾与鹪鹩赌赛，他欲巢遍上林，俺欲饮干奈何。不料他作巢只占一枝，俺所饮不过满腹。俺自饮此水之后，身边生了两翅，化为蝙蝠，凡有鬼的所在，唯俺能知。尊神欲斩邪，俺情愿做个向导。"钟馗听了大喜道："俺正少个向导，你试现了原身，往前飞去。"果然好一个碗大的蝙蝠！钟馗喜出望外，跟定蝙蝠，踊跃而去。显然，这个故事源头出自《庄子·逍遥游》中"偃鼠饮河"的寓言。明朝的宪宗皇帝朱见深在成化十七年（1481年）他34岁时画了一幅《岁朝佳兆图》，图中表现的是钟馗手执如意，小鬼捧着一个大盘，盘中盛着柏枝和柿子，上方飞来一只蝙蝠，这是中国民间惯用的根据谐音会意的办法，即"百（柏）事（柿）如意"的意思，再加上蝠（福），

◎ 朱见深 1481 年作《岁朝佳兆图》

◎ 清代陕西凤翔年画《恨福来迟》

更是表示吉祥之意。

　　因为钟馗是驱邪镇鬼之神，人们竞相张贴其像，以避祟恶。而蝙蝠从天而降，意为福从天降，钟馗既斩妖魅，又把福带给世人，大有恨福来迟的意思。正因如此，不仅文人画家喜爱这一画题，民间年画艺人也大量创作了钟馗与蝙蝠组合"恨福来迟"的年画，受到世人的广泛欢迎。

　　钟馗画的常用构图组件之一就是蝙蝠。明代徐道编集的《历代神仙通鉴》说，道士叶法善对唐玄宗讲，混沌初分，有黑白二蝙蝠，黑蝙蝠化为钟馗，白蝙蝠化为八仙之一张果老。这就硬是把钟馗故事提前到开天辟地的神话时代。不过，人们似乎并不在意是不是蝙蝠与钟馗，所津津乐道的是"蝠"与"福"的谐音所象征的吉祥之意。钟馗手中拿着一把宝剑，仰头看迎面飞来的蝙蝠，这"执剑蝠来"，就成了"只见福来"。画面一只蝙蝠，既可叫"福自天来"，又可叫"降

◎ 张善孖 1923 年作《终南进士辅正除邪》

福消灾"。杨柳青传统版画的钟馗图，如《恨福来迟》等，皆绘大红蝙蝠，取意在于"洪福"。清代陕西凤翔年画《恨福来迟》也绘执剑钟馗单足立地，身旁蝙蝠翻飞。

大约在明代中期，钟馗画逐渐从驱鬼祛祟的滞重主题衍化为迎祥纳福的喜庆追求，寄托着人们希冀福寿延年、升官发财的祈福心愿。人们感觉到只有镇妖驱鬼一种功能的钟馗还远远不够，便又造出了钟馗祈福画，家中张贴祈福钟馗，既点画出驱鬼祛祟气氛，又为了迎来欢乐喜庆的瑞气，更是一种社会性的祈福形式，使人感到福运满门，吉祥如意。

吉祥钟馗画中出现比较多的就是"福从天降"画题，画家应用传统的钟馗驱邪图式，或静立或舞动，增饰飞舞下来的蝙蝠。如清代画家就有许多佳作传世，钱九 1836 年作《福从天降》、任预 1888 年作《福自天来》、钱慧安 1894 年作《福自天降》、居廉 1898 年作《福自天降》、汪谦 1906 年作《福从天降》，另外还有民国时期王震 1930 年作《福自天来》、徐操 1931 年作《福从天降》、黄淡如 1933 年作《福从天降》、溥儒 1940 年作《福自天申除不祥》

等都是人们收藏的佳作。

在这些"福从天降"画中，以当代张善孖在1923年、1924年所作的《终南进士辅正除邪》，用朱笔或墨笔写钟馗最富有趣味。钟馗执剑望着从天而降的蝙蝠，诚如题款上所记，画里有字，由"终南进士辅正除邪"八字写成："终"字写钟馗侧面额、鼻、髭及帽、耳，"南"字写嘴和髯，"进"字写肩、胸和袍袖，"士"字写长剑，"辅"字写腰带以下的袍，"正"字写靴，"除"字写袖口，"邪"字写左手下翻起的袍端。这幅画笔墨至简，且以字入画，虽属笔墨游戏，以八个字构成一个钟馗神画像，奇思妙想，迥非凡品，真乃构思精妙，造型生动，画艺精湛，寓意吉祥，正与清代马德昭著名的融书画于一体的"魁星点斗"碑有异曲同工之妙。

在钟馗画中有一种构图，也是钟馗、蝙蝠融为一图，那就是钟馗豹头环眼，浓密虬髯，头戴带翅纱帽，身穿大红锦袍，腰扎玉带，手执宝剑，圆睁双目，威猛无比，另一手中握有折扇，上面有一只红色蝙蝠，或手托一只红蝙蝠，或眼前飞来一只红蝙蝠，红蝙蝠象征洪福，宝剑象征人间正道。这样的钟馗图称为《引福归堂》，意思是钟馗祛邪镇鬼将福引到家里，以讨个好口彩。

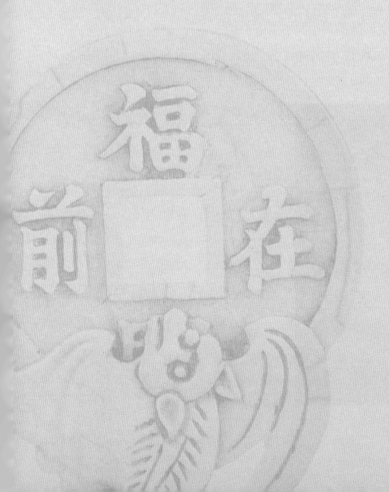

第十一章 天下名福

　　在国家重点文物保护单位北京什刹海西岸的恭王府花园滴翠岩下的秘云洞中，珍藏着号称"天下第一福源"的"福"字石碑，上面镌刻着清代康熙皇帝御笔亲书的一个"福"字，很多人不远千里万里慕名而来，就是为求一见这个"福"字。每天来这里请福祈福的人络绎不绝，人人都渴望能亲手摸一下这被世人公认为"天下第一灵验"的福字，给自己和家人带来福气。

　　在镌刻有康熙皇帝御笔亲书的"福"字碑前有这样一段记载："福字碑位于花园中路滴翠岩下的秘云洞，为清圣祖康熙皇帝的御笔，刻有'康熙御笔之宝'的印章。康熙于书法造诣精深，但很少题字，所以此'福'字极其珍贵。其字苍劲有力，颇具气势，可分解为多田多子多才多寿，构思巧妙，堪称天下第一'福'。"今天的北京城内，

◎恭王府康熙皇帝"福"字碑

除公文外，经考证的康熙皇帝流传下来的题字只有三个："无为"和"福"。"无为"二字现存于故宫交泰殿悬挂的匾额上，"无为"二字没有用印，而"福"字顶上却是加盖了玉玺的，因此，这一"福"字显得尤其珍贵。

关于这个"福"字有一个故事。据说康熙皇帝当年是为祖母孝庄皇太后写这个"福"字的。康熙皇帝三岁没有了母亲，是祖母一手把他抚养大的。康熙十二年（1673 年），孝庄皇太后六十大寿将至，不料突染沉疴，宫中太医束手无策。百般无奈之时，康熙皇帝查知上古有"承帝事"请福续寿之说，意思是真命天子是万福之人，可以向天父为自己"请福续寿"，遂决定为祖母请福，康熙皇帝至诚至孝，在沐浴斋戒三日之后，精选了一支上镌"赐福苍生"四个正楷金字的毛笔，化孝心于笔锋，在丝绢制作的纸笺上一气呵成写了这幅倾注了对祖母挚爱的"福"字，并破例加盖了"康熙御笔之宝"印玺。

当康熙皇帝写完这个"福"字之后，自己都不觉大吃一惊，认为这可能是一生中最完美的手笔。事后他几番重提御笔，却再也写不出其中的神韵。后来他征召天下能工巧匠，把"福"字雕刻在一块大青石上，并背着这个"福"字碑前往祈年殿拜祭天神。为示孝心，康熙皇帝就跪在"福"字碑上祈福，上苍有灵，孝庄皇太后自打得到了这"福"字，身体奇迹般地康复了。15 年后，以 75 岁的高龄得以善终。所以，此"福"字被称为"天下第一灵验之福"，说是康熙皇帝"请福续寿"带来的福缘，所以盛传此福为"天赐洪福"。康熙皇帝为祖母请福聚福，自身也因送福得福，他一生政绩卓著，执政 61 年，成为历史上在位时间最长的皇帝，也是一个多福多寿之人。

孝庄皇太后认为这个"福"字汲取了天地灵气，就将"福"字碑请回宫中供奉在佛阁内，奉为大清国宝。乾隆皇帝继位后，却将此碑赐给了自己的宠臣和珅，和珅命人运来几千块太湖石，在自己的府邸后花园砌成一条巨龙，这条龙的位置正好在京城的龙脉上，他将"福"字碑藏在龙穴秘云洞内悉心供奉。从此，和珅果然洪福齐天，官运亨通，荣臻朝廷重臣，而且财源广进，一时富可敌国。1962年，周恩来总理批示重修恭王府，考古人员意外地在秘云洞内发现了康熙皇帝"福"字碑。周总理得知后欣然将其命名为"中华第一福"，又称"天下第一福"。改革开放以来，国家文物局对"福"字碑进行了修缮，定为"中华三绝"文物之一。

纵观康熙皇帝御笔亲书的这个"福"字，刚劲有力，颇有气势，堪称是一件旷世珍宝。字的右半部正好是王羲之《兰亭序》中"寿"字的写法，由此成为现存历代墨宝中唯一将"福""寿"写在同一个字里的"福"字，堪称"福中有寿，福寿双全"，创造了"福寿合一"的联体字。更为珍贵的是，这个"福"字的书写不同于民间常用的饱满方正，"福"字写得较瘦，字形窄而狭长，"瘦"谐音"寿"，于是就成了"长长瘦瘦寿长寿福"，世称"长瘦福"。就碑形而论，又这是一个"天地福"，因为碑身的尺寸有很大的讲究，上面大下面小，喻天大地小；碑身瘦长，寓天地长寿。俗话说，"福如东海，寿比南山"，可见"福寿"不能分开，这碑合二为一了。另外从局部看，这个字右上角的笔画很像一个草写的"多"字，下边是个"田"字，而左偏旁则极像个草写的"子"和"才"字。这"福"字中巧妙地暗含着"多子、多才（财）、多田、多寿、多福"的深厚含义，意味深长，是独一无二的"五福合一"的"福"字。由于这个"田"字又没有封口，寓意洪福无边。孝庄皇太后称其为"福之本源"，民间也称"五福之本、万福之源"。

康熙皇帝十分欣赏这个"福"字，毫不犹豫地拿出玉玺，盖在了这个"福"字的上方。他这次没有盖在福字的左下方或右上方，而是堂堂正正地盖在这个福字的正上方，取意"鸿运当头，福星高照"。更使这个"福"字尊贵无比，也是唯一不能倒挂的"福"字。玉玺是皇帝权力的象征，一般只能盖在圣旨和重要的公文上，绝对不可能盖在一般的书法作品上，书法上盖玉玺的仅此一例，可谓空前绝后。而这个玉玺又极为稀罕，因为故宫收藏的清代皇帝的玉玺中，唯独缺少康熙皇帝的这一枚，传说是在袁世凯称帝时遗失了。

二、诸葛八卦村的"福"字

浙江省兰溪市有一个神奇的古村落叫诸葛八卦村，据诸葛氏宗谱记载，诸葛村创建于宋末元初，创始人为诸葛亮第二十七世孙诸葛大狮。这是一位出色的堪舆学家，擅长"堪天道，舆地理"，他依据先祖诸葛亮"九宫八卦阵"，精心设计布局营建村落，"村似八卦，屋如迷宫"，形成了"青砖灰瓦马头墙，肥梁胖柱小闺房"的建筑风格。从此，诸葛亮的后裔们便聚居在这里，瓜瓞绵延。到明代后半叶，已形成一个建筑独特、人口众多、规模庞大的村落。这个村子以八卦形式布局，村头广场和池塘是太极图的形状，整个村

◎ 诸葛八卦村全景

◎ 在江西婺源徽派民居墙壁上左鹿右鹤
福字随处可见

子就是一个巨大的活文物，是中国古村落、古民居完整保留的典范，有着一种特殊的魅力和神韵。村中现居住着诸葛亮后裔近 4000 人，是全国最大的诸葛亮后裔聚居地。

诸葛八卦村的"福"字也像村子本身一样神奇，一个"福"字蕴含了"福、禄、寿、喜、财"五重祝福。这个"福"字的结构组合十分特别，大有奥妙，细看这个"福"字的左边"示"字的上部为梅花鹿的头，下方连着一只展翅的蝙蝠，蝙鹿寓意福禄相连，富贵绵长；右边"畐"字上部画了一只仙鹤的头颈及腾空的祥云，鹤是长寿的象征，暗藏个"寿"字；鹿是地上行走的动物，鹤是天上翱翔的飞禽，鹿鹤相逢，就代表着天地喜相逢，喻指"喜"字；翱翔云中的仙鹤下面是一个工工整整的"田"字，代表着田产、土地财富等多层含义，体现了一个"财"字，所以这个"福"字有五层含义，全意就是福、禄、寿、喜、财。

中国民间艺术家把他们的艺术智慧体现在这个"福"字上，将它图案化，用鹿头和鹤首等吉祥纹样组合而成，极富情趣和艺术，寓含了人们对福、禄、寿、喜、财的追求和向往。左鹿右鹤"福"字，既是字又是图案，全图笔力遒劲，流畅自如，展现的是一个书写工整又显灵活的"福"字。这个"福"字还有一个寓意，古人认为田是福之源，有不变的田，才有恒久的福，"田"字不变的字形更是表现出人们对土地的向往，鹿（禄）望田，禄代表官，田代表百姓，百姓为本，为官如果忘本，则福去；只有时刻不忘百姓，才能造福一方。"福自田边起，寿从地上升"，纵览这个"福"字，可见世人对执政者"有了爵禄，不忘农耕"的期盼。

诸葛八卦村的"福"字以朴素而直白的艺术语言，表达了百姓对美满生活的向往，对自身社会价值的追求。在历史长河流逝的漫长岁月中，由于福、禄、寿、喜、财始终贴近民众生活，因而在民俗事象中流传广泛，经久不衰。这些特定历史时期的人生主题，在祈福纳吉、功名利禄、延年增寿、喜从天降、招财纳福诸方面都有表现。

诸葛八卦村左鹿右鹤"福"字，有人称其为"天下第二福"，这是相对康熙皇帝的那幅"天下第一福"而言。虽说康熙皇帝的"福"字蕴含"多子多才多寿，福无边"的吉祥寓意，但诸葛八卦村"福"字的奇妙造型和深刻寓意也毫不逊色。老百姓十分喜爱它，将它绘在自家的墙上，祈盼福星高照，在徽派建筑的照壁上，几乎都写有这样一个"福"字。

三、陈抟奇"福"遍天下

陈抟，字图南，自号扶摇子，后周世宗赐号"白云先生"，宋太宗赐号"希夷先生"，史称"陈抟老祖""睡仙"。陈抟是亳州真源（今安徽亳州市谯城区）人，后唐长兴年间举进士不第，遂不求仕禄，出家为道士，以山水为乐，隐居武当山九室岩，专习胎息服气，辟谷导引内养静功。后晋时，漫游四川邛州天庆观访师学道，后归关中，入华山隐居云台观和少华石室，寿高118岁，成为稀世高人。陈抟以传统的道家学说为核心，吸收儒家、佛教禅定思想，构成一套系统的内丹理论，为宋元道教内丹派的形成奠定了基础，开启宋

福——中国传统的福文化

第十一章 天下名福

代三教合一的思想潮流。

陈抟的书法极精妙，用笔苍古洒脱，自成法度，别具一格，汉隶出神入化，取法北魏王远名刻《石门铭》十分到家，可谓登堂入室，形神毕肖。由于他一生云游四海，因此许多名胜之地都留有他的墨宝，有"开张天岸马，奇逸人中龙"楹联和一米见方的"福""寿"等作品传世。

陈抟存世较多的是他书写的"福寿"二字，独具特色，极为后世所推崇。今天全国各地如重庆大足、四川峨眉山、湖北武当山等都保存了陈抟书写的"福寿"二字石刻，这种介于隶书和楷书之间的书体平稳中透着奇崛，方正里蕴含张力，写得奇逸俊美，内含"田给予福、林富长寿"八字哲理，受到世人赞叹。陈抟的寓意是宣传道家人与自然和谐、注重生态平衡、保护自然环境、粗食布衣等哲学思想，为后人留下了一笔宝贵财富。武当派创始人张三丰曾写有一副赞赏陈抟"福寿"二字的对联："福伏白鹤踏芝田，寿状青龙蟠玉柱。"这"鹤踏芝田，龙蟠玉柱"八个字把"福寿"二字的形态描绘得惟妙惟肖。

陈抟长期隐居武当山，相传他在武当山上的南岩宫皇经堂修炼时，博览群书，致力于内功的研究，终于悟道有门，练就了著名的

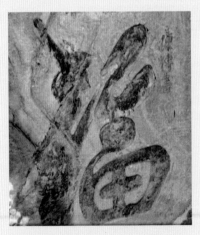

◎ 山东蓬莱阁的天后宫前殿内墙上的"福"字

◎辽宁医巫闾山三清观中院北侧石崖上刻有陈抟所书的"福寿"二字

睡功"五龙睡法",此睡功为道门奇功,辟谷时可以一月至数月不吃东西,入睡时专气致柔,呼吸如婴儿,传说陈抟一睡可一百天不醒。皇经堂的墙壁上还留下了陈抟当年习练睡法时亲手所书横卧着的"福寿"二字,字道清晰,字体为草书,运笔自如,如行云流水,体现了陈抟老祖的修炼已达到致虚极,守静笃的境界,人称卧福睡寿。

在山东蓬莱阁的天后宫前殿内墙上嵌有一块陈抟所写的花体"福"字碑,"福"字是由"田""给""予"三字组成,意为种好田地、给人幸福。当地人称为狗头福,多摹写在照壁上。在天后宫前院弯处,还有一块草书体"寿"字碑,"寿"字是由"富、弗、林"三字组成,据说含有"植好林木,富足长寿"的意思。"福"为花体,"寿"为草书,书风迥异。"福"字碑原在蓬莱阁北墙,清道光十八年(1838年)有人根据华山陈抟"寿"字碑拓本勒石,与"福"字碑并移于现址。

辽宁医巫闾山国家级自然保护区森林公园三清观中院北侧石崖上,也有陈抟所书的"福寿"二字,是两个多字合一的合体字。从书法艺术上看,那"福"字是白鹤踏芝田,"寿"字是青龙蟠玉柱。陈抟书写出的"福寿"大字摩崖,实为闾山刻石文字的精绝之作。有乡贤作歌道:"福寿福寿,刻石独步。陈抟老祖,笔墨倾注。长林丰草,馨香贞固。日月光华,吸吮吞吐,太和浩气,幽壑藏储。高情远致,龙翔凤翥。点作炸雷,骇目震怖。墨海浪啸,纵肆无度。腕底盘龙,喷喷云雾。结字奇诡,瑞象满布。天马行空,名山呵护。"福寿石刻是祥瑞之物,也是书法奇观。

在湖北黄冈有个著名的游览胜地，那就是东坡赤壁，游人来到黄州，都会游览东坡赤壁楼阁，体味千古文化全才苏轼的遗韵。其中，在坡仙亭可欣赏到苏轼的组字画《佛寿图》石刻，这是一件非常奇特的艺术杰作，极为珍贵。

坡仙亭内嵌有苏轼石刻画两幅，一幅《月梅图》，一幅《佛寿图》（一名《寿星图》）。北宋绍圣元年（1094年）四月，朝廷以"毁谤先帝"的罪名将苏轼贬到惠州，苏轼在次年四月初八佛寿日，画了这幅造

◎苏轼《佛寿图》石刻

福——中国传统的福文化

第十一章　天下名福

型奇特、含意深邃的《佛寿图》。今天坡仙亭所存的这件是清同治七年 (1868 年) 重修赤壁时重新摹刻的。

《佛寿图》的原件曾被南宋高宗赵构珍藏，在上方正中盖有"德寿殿宝"一印，这是精于书画的赵构晚年钦盖的，体现了他对苏轼《佛寿图》的异常喜爱，宋高宗既赏识苏轼书画技艺的高超，又钦慕苏轼的为人。《佛寿图》的左侧还有一个花押，这是宋高宗签盖图书信件的一种特殊御押。清末民初的大画家、收藏家吴湖帆也曾收藏过此图，并对此花押考证说："宋高宗玉押。今藏吾家。吴湖帆识。"

苏轼笔下的《佛寿图》与众不同，图的下半部分是由"福"和"寿"二字组成，其中将"福"字变成了上下结构，这种"福"和"寿"字造型在世传的篆书《百福图》《百寿图》中依稀可见。苏轼将这两个字巧妙地与头部高耸而秃、大耳垂肩、长须飘然的寿星形象组合成一幅栩栩如生的《佛寿图》，表现出"福在寿中"的意趣。这幅图的造型妙趣横生，立意深邃，形象生动，奥妙无穷，深受世人喜爱，游人到此都要仔细揣摩一番，品赏之余产生无穷的遐想。苏轼画此图时还有一层寓意。阴历四月初八是佛祖释迦牟尼佛的生日，称佛寿日，这天也正好是苏轼母亲的仙逝之日。这一特殊的日子画《佛寿图》，其寓意不言自明。

五、清代皇帝赐"福"字

大约从清康熙朝开始，每年腊月初一，皇帝都要亲自御笔书"福"字，写出的第一个"福"字先悬挂在乾清宫正殿，其余张贴宫廷内苑各处，并颁赐王公大臣和地方封疆大吏，以此联络君臣感情。从此，皇帝御赐"福"字仪式成为皇家典制，翰林编修查慎行是第一个获此殊荣的人，后世皇帝纷纷仿效，敬循家法，岁岁遵行。

清代皇帝赏赐王公大臣"福"字，时间多在腊月底，在乾清宫或重华宫举行。按规定能够接受赐字的除军机大臣、两书房翰林和

◎ 康熙皇帝所书"福"字

◎ 雍正皇帝洒金龙纹粉蜡笺楷书
"福"字

内务府大臣外，还有二品以上的大员，只有赐军机大臣的字是由皇帝御笔亲书，其他多半由南书房的翰林代皇帝书写。当皇帝御笔书时，受赐的大臣依次跪在案前瞻仰，并伏地磕头谢恩。皇帝书写完毕盖上自己的御印，亲自交到大臣的手里。待墨迹干后，受赐的大臣要双手恭捧"福"字，举过头顶，一直顶出宫门。

雍正皇帝每年腊月照例也御笔书"福"字赐内外大臣，他还有一段谕旨，说了书"福"字作为制度的意义：朕每年颁赐"福"字，让得到赏赐的诸臣看见"福"字，心中有所触动，时时存可以获福之心，行可以获福之事。雍正二年（1724年）大年初一，管理黄河河道的河南副总河嵇曾筠在中牟工所意外接到皇帝新年御赐"福"字；正月十五，湖广总督杨宗仁敬捧皇上钦赐"福"字回乡；孔子后裔两广总督孔毓在雍正四年（1726年）正月二十收到御书"福"字，在谢恩折上他写道："皇上颁赐'福'字，不特臣一身一家受福，即两省文武兵民无不共蒙圣上之福庇。"雍正皇帝批复："此一字，原与诸臣天下臣民共之者。"

乾隆皇帝更是重视开笔书福之典，每年冬季朔日都在重华宫开笔书福。清代夏仁虎有宫词《赐福字》记载说：

◎乾隆皇帝御赐福建屏南人甘国宝"福"字匾

"年年腊朔御重华，赐福卷生笔有花。御墨龙笺书福字，近臣分载福还家。"诗下小注说："乾隆间每岁十二月朔，懋勤殿太监陈龙笺，墨海及赐福苍生笔于重华宫，帝亲书福字，分颁御前书房五大臣。"乾隆五十八年（1793年），英国特使马戛尔尼率团首次访华，乾隆帝书写了一个"福"字作为新年礼物赠送给了他，给外国使者赐"福"字，这是乾隆皇帝的特例。

据章乃炜、王蔼人编纂的《清宫述闻》记载，嘉庆皇帝曾御书福联句诗，并自注说，书福之典，始于圣祖仁皇帝。御书"福"字开笔必用赐福苍生笔，寓意福归天下。嘉庆皇帝每年御书的第一个"福"字悬挂在乾清宫正殿，还要在宫苑张贴近20幅"福"字。这些字远看是标准的"福"字，细看则是各式各样的花卉，这是"花鸟字"，这些花卉都是一些吉祥的鲜花，如象征富贵的牡丹等等。

福建螺江陈家，自清道光年间任刑部尚书的陈若霖开始，世代簪缨，有兄弟父子叔侄同榜进士的荣华，清朝末代皇帝溥仪的老师

◎ 嘉庆皇帝所书花体"福"字

◎ 嘉庆、道光两帝赐给陈若霖的五福匾

陈宝琛兄弟六人,三进士,三举人,人称兄弟六科甲。在福州市仓山区螺洲镇陈氏宗祠大殿前的横楣上挂着嘉庆、道光二帝为表彰陈若霖的政绩而御赐的"五福匾"。大殿厅堂正中供桌上方悬挂着道光皇帝在陈若霖70岁生日时御赐的"福寿"大字牌匾,还有御赐陈若霖的"三部尚书"、御赐陈宝琛的"帝师"两匾。

福州市三坊七巷外林则徐祠祠厅门额题"树德堂",正中为林则徐坐像,楣额上挂有道光皇帝御书"福寿"匾额,两字中间还有四行小字:"愿卿福寿日增,永为国家宣力。"祠厅中还有一块御赐金字匾额,上题"功资柱石"四个大字。福清海口镇岑兜村林氏宗祠大厅正中上方悬挂着道光皇帝亲书的"福寿"金匾,上写:"道光十九年十二月初一日赐钦差大臣、兵部尚书、湖广总督臣林则徐,愿卿福寿日增,永为国家宣力。"希望这位名臣福寿绵长,为国效力。这是林则徐过55岁生日时,道光皇帝亲笔御书写下的"福""寿"大楷横匾,以示嘉奖。

同治皇帝不仅御书"福"字颁赐近臣,还变着花样地御书"福禄寿""福寿喜"等字,令人张贴内宫,以示吉祥如意。光绪皇帝每年腊月,先要给慈禧太后进呈御书朱红绢"福"字和朱红笺纸"福"字各一件,以及其他祝福吉祥朱红云龙笺对联。

天子赐"福"，王公大臣们无不视为至宝，均以此为荣幸，将"福"字装裱好悬挂在厅堂的墙上以表敬意。雍正元年(1723年)腊月，河南巡抚石文焯收到皇帝的朱笺"福"字后，"敬谨装潢，高悬正中，朝夕瞻仰，如觐天颜"，并表示要"传之子子孙孙，奉为世宝"。乾隆年间，曾任礼、户两部尚书的王际华在任31年间，曾先后得到皇上御书"福"字24幅，这在整个清代也是极为罕见的。他不但装裱悬挂在厅堂内，还自诩此厅堂为"二十四福堂"，以为三世荣宠，光宗耀祖。

　　道光年间任南河总督兼漕运总督的潘锡恩治理河务从实际出发、举措得当，在任10年，没有发生重大水灾，连年风调雨顺，五谷丰登。道光皇帝认为他是"福臣"，为了褒扬他的功绩，一年赏赐潘锡恩一个"福"字，一共五个，这件事轰动了满朝文武大臣。有一位大臣很不服气，就向皇帝进奏："五福是帝王才能独享之福，潘锡恩是南河河道总督，怎能有五福的荣典？恐有不妥，请皇上圣裁。"道光皇帝听罢哈哈大笑，说："潘锡恩是我朝福臣，既然五福不妥，那朕再赐潘锡恩一个'福'字如何？"结果又写了第六个"福"字。潘锡恩恭摆香案，双手捧接，装上匾额，悬挂大堂，九拜叩谢，然后再专门写了一道奏折谢主隆恩。

◎ 道光皇帝所书龙笺"福"字

◎ 林则徐纪念馆树德堂

清末同光两朝实际的最高统治者是慈禧太后，她掌控清政权达48年之久。慈禧太后执政期间，除了善弄权术、热衷政治外，生活中不仅喜爱书画，而且喜欢以自己所作的书画赏赐群臣以示恩宠，每年赏给大臣们的字画很多。

曾在宫里服侍过慈禧太后的德龄公主，在随丈夫定居美国后，用英文写成了回忆录《我在慈禧身边的两年》，书中说，过年贴"福"字是百姓人家必不可少的内容，慈禧也挺当回事的。她还有一大爱好，喜欢写"福"字送给大臣幕僚，这或许也是她笼络人心的一种手段。祭灶后，第二天一大早，慈禧便会来到大殿，其时大张的红黄绿各色纸早已预备好放在案上，她拿起一支大笔，在纸上书写"福""寿"二字。大臣们能得到慈禧亲手写的字，自然是一份莫大的荣耀。但这些字却不一定全是她自己写的，写累了，就让宫妃或文书代写。

慈禧太后平时就爱写"福"字，不是像其他皇帝要到过年才写，她认为"福"象征大清福祉无穷，经常写写，国运才会昌盛。就连她死后，上身也要穿绣满楷体"福"字的上衣，下身穿绣满楷体"寿"字的裤子，上"福"下"寿"，合为一身。

慈禧太后的画多为工笔花鸟，书法多为楷书"福""寿"等大字作品，大多画风工细浓丽如织绣品，格调不高，书法多为"馆阁"体，以端庄浓丽见长。马宗霍的《书林纪事》这样评价她的书法："慈禧太后垂帘当国，亦喜怡情翰墨，学绘花卉，又学作擘窠大字，常书'福''寿'等字以赐内外大臣……"

最令人称绝的是慈禧太后御笔所作的《福禄寿三字图》，她以行书"福""禄""寿"三字用朱笔象形手法组成一幅绘画像，结体上"福""禄"两字借用同一个偏旁"礻"，而"录""畐"之间夹

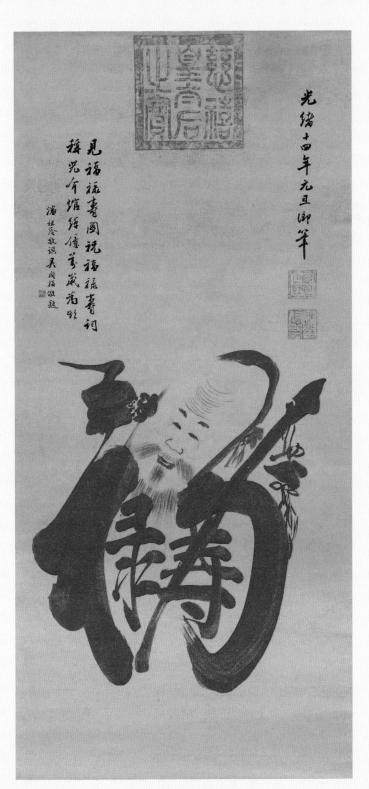

光緒十四年元旦御筆

見福祿壽圖祝福祿壽詞
稱晃介壽綿億萬歲為盼

湖祖蔭敬識 吳樹梅敬題

◎ 慈禧太后《福祿壽三字圖》

◎ 慈禧太后赐给多罗顺承郡王的"福"字

写一个"寿"字，中间空白部分经巧妙布局，稍加数笔，画成一个挂着拐杖的老寿星，颇为巧妙新颖。这种以字体组合成图像的手法，多流行于民间，在清代宫廷书画作品中极为少见。这幅作品用笔粗壮厚重，饶有气魄，较为恰当地显示了慈禧太后的特殊地位与作品内容的喜庆色彩，画面上方有"慈禧皇太后之宝"大印高悬，愈显端庄。

七、吉祥龙凤福

在中国传统的吉祥图案中，龙凤对应结合，画面上升龙张口旋身，回首望凤；翔凤展翅翘尾，举目眺龙，周围瑞云缭绕，一派祥

◎ 三明赖武村攸叙宅屋顶龙凤
"福"字石雕

◎ 建阳书坊村古民宅屋顶龙凤
"福"字石雕

◎ 明代金丝楠木雕龙凤"福"
字窗花板（局部）

◎ 清代木雕双龙双凤"福"字

和的气氛。自古以来，龙凤对应结合，表达龙凤呈祥的吉祥寓意，一旦与"福"字组合在一起，更是具有了吉祥福义，表达了福运连连、富贵吉祥的美好祝愿。

福建建阳书坊村古民宅屋顶龙凤"福"字也很有意思，龙凤相对嘴对嘴，似乎一对情人在亲吻，寓意夫妻恩爱、家和是福。在江西庐陵清代福、禄、寿、喜石窗图案中，也有龙凤组成的"福"字，龙凤两首相拥、两尾相交的造型寓意龙凤呈祥、龙凤合欢，把夫妻恩爱、男欢女悦的生活表现得淋漓尽致，是屋主人美好愿望的反映。

在木雕中也经常能看到龙凤"福"字的身影。明代金丝楠木雕龙凤"福"字窗花板，中心圆起边，雕刻缠枝花草一圈，内里镂雕由龙凤组成的一个"福"字，寓意龙凤呈祥来送福；中心圆外四角各雕一个蝙蝠，与中间龙凤组成的"福"字构成五福，寓意五福临门贵人家，当是明代大户人家婚庆嫁娶时新房所用窗花。

清代福建木雕龙凤"福"字，为长方形，雕刻一龙一凤，内圆开光雕刻龙凤，龙在升腾，扬首旋身，双目顾盼；凤在飞升，展翅垂尾，举目眺龙，龙与凤活灵活现，偕谐齐飞，相

◎ 唐伯虎龙头凤尾"福"字　　　　◎ "福"字古代绢本绘画

伴相随，灵犀相通；龙首凤尾相接，腾龙翔凤合为一体，身上用阴线作勾云纹，组成了灵动传神的一笔草书"福"字，龙飞凤舞，构思巧妙，寓意龙凤赐福，美满和合的福瑞之兆，喜庆之意，满目而来。

　　清代木雕双龙双凤"福"字，上部雕刻一对凤鸟两两相对，簇拥向日葵花，下部雕刻两只夔龙相拥，凤鸟和夔龙的尾巴相连，融为一体，双龙双凤构成一个圆形草书"福"字，圆形外还有一对凤鸟，变形为缠枝纹，拱卫圆形草书"福"字，表达双凤呈福的寓意。民国红木雕龙凤"福"字挂板，飞龙翔凤相向组成的"福"字以梅花为衬托，线条简洁明朗，洒脱飘逸。

　　龙凤"福"字也一直是人们喜爱的画题，画家、民间艺人经常创作出许多不同的样式。明代正德五年（1510 年），唐伯虎应邀参加老师王鏊的 60 岁寿宴，趁着酒兴，书写了一个"福"字作为寿礼，这也是他一生写过的唯一一个"福"字。这个字是龙头凤尾福，寓意有衣穿，有田种，儿成龙，女成凤，福海无边。王鏊看了连说好，叫人勒石刻碑。在苏州唐寅园六如堂至今还悬挂着这个"福"字。

　　福建南安市康美镇梅魁村苏子强家藏绢本绘画龙凤"福"字，由五只轻盈飞翔的青凤和两条盘旋的青龙组成，将双龙五凤入画，

◎ 汉绣龙凤"福"字

◎ 安徽徽州宏村双凤"福"字木雕门

◎ 剪纸龙凤"福"字

字融于画，画藏于字，虚实相生，处处显出华美雅致的气息。

汉绣龙凤"福"字，龙凤分别为"示"字和"畐"字，龙张口旋身，回首望凤；凤展翅翘尾，举目眺龙，整幅作品色彩鲜艳，绣工细致，体现了汉绣绚烂浑厚、具有浪漫的想象力的特点。

民间剪纸创作的龙凤"福"字更是琳琅满目，特别吸引人眼球的是一幅彩色剪纸龙凤"福"字，以一龙一凤配上祥云、牡丹、仙桃、石榴、兰草、松柏等吉祥花卉，构成"福"字，福字的"示"旁是由一条洒脱盘旋的腾龙巧妙弯成，右边的音旁字符是一只展翅欲飞的凤凰，龙头凤头相对，色彩明艳，鲜亮跳跃，十分符合民间传统的欣赏习俗，又在喜庆祥和中增添了几分灵动与动态美感。

安徽徽州宏村木雕门扇凤凰"福"字与众不同，是凤凰相形，一笔连书的草体"福"字，左边"示"旁是一只凤，右边"畐"是一只凰，一对翱翔的凤凰以狂草形式出现，"示"旁凤尾上翘，直连右侧"畐"字凰的嘴，俊逸洒脱，凤凰翱翔，飞黄腾达；凤凰相逢，又喜从天降。

八、一笔草书福

东汉灵帝光和年间，中国书法史上出现了划时代的大师。"草圣"张芝在继承章草的基础上进一步省减了章草的点划波磔，创出更加自由便略的今草，字与字之间、行与行之间，映带连属，顾盼多姿，或笔笔相连，或笔断意连，因此今草又称为一笔书。自从这种一笔书问世后，世人在书法创作中纷纷灵活运用，就"福"字而言，书体多变，篆、隶、正、草各体具备，尤其是书法家以其精美绝伦的一笔书，书"福"成幅，悬挂厅堂，以示雅趣，以求福祉。

清代漆描金嵌玉石八仙"福"字挂屏，黑漆底绘祥云缭绕，五只姿态各异的红蝙蝠翱翔云间，主图是个一笔书写成的"福"字，呈龙凤形，一气呵成，字画中间镶嵌玉石八仙图，寓意八仙送福，是为人祝寿送的寿屏。

西安碑林清代郭修文一笔"福"字，通过墨的浓淡枯湿、笔的轻重转折、笔画的缠绕牵丝、字形的摆荡穿插、运行的徐疾舒缓，

◎ 清代漆描金嵌玉石八仙"福"字挂屏

◎西安碑林清代郭修文一笔"福"字
原碑拓片

◎清代温州瓦当花檐纳福

形成一种跳荡的韵律，整个"福"字一笔写成，行笔流畅，笔画粗壮而不显臃肿，飞白较多但不显干枯，结体笔道匀称，疏密得宜，自然生动，毫无造作之态，轻重干枯处理得惟妙惟肖，自臻妙处，韵味无穷。

浙江温州人受瓦当的启发，生产了宽大的瓦檐滴水，并渐渐演变成扁方形制的上、下檐，并印上了丰富多变的吉祥纹饰，民间给予形象生动的称谓叫花檐，除了图案类、图像类外，还有文字类，主要有民间常见的福、禄、寿、喜。如清代瓦当花檐纳福，"福"字草体，一气呵成，一笔环绕的结构，屈曲自然，龙飞凤舞，如行云流水，又富节奏美感，像一个生动的"百吉"（百结）纹样，在曲线转折之中体现微妙的对比，健笔如飞，劲秀有力。

从明代早期就流行一笔书"福"字蜡烛台，如明代早期康洪兴款镂空草书"福"字蜡烛台和清代一笔草书"福"字元宝蜡烛台，将书法与铜雕有机结合，镂空雕刻精美大气，包含"示""多""好"三字，

◎ 广东连州福山福字井 　　◎ 张家界土家风情园一笔龙凤
　　　　　　　　　　　　　　"福"字

寓意多福好运。

　　广东连州市保安镇福山为道教七十二福地的第四十九福地，是粤北湘南道教的洞天福地，有始建于南北朝梁中大通三年（531 年）的福山寺，主要景点福字井最具特色，在福字亭里，井台是一块凿有一笔书"福"字形状的水渠的大石，清澈的泉水从"福"字的第一点涌出，顺着笔画流动，在"福"字的田中间流走，再从龙嘴喷出，的确是匠心独运。福字井福水长流，传说饮了福字井的福水，一生都会有福气，因此，人们到福山都要饮一口福水。

　　湖南张家界土家风情园收藏的一笔书龙凤"福"字窗棂，由灵动传神的龙凤组成一笔书龙凤"福"字，挥洒自如，无拘无束，龙飞凤舞，出色惊人，龙凤赐福，美满和合的福瑞之兆、喜庆之意，满目而来，好看养眼。

九、字画一体福

　　在宋元的瓷器上，除了楷书、行书"福"字外，也出现了一笔书"福"字，如北宋定窑"福"字款碗，碗心是一个一笔书的"福"字；

◎ 明天启青花外销瓷麻布纹
　　"福"字茶杯

◎ 明万历五彩福禄寿纹碗

宋代磁州窑白地黑花福禄寿喜奔鹿盘，这四个字均为一笔书；元代
酱釉堆塑变形福寿纹扁执壶在壶腹部有一个一笔草书"福"字。"福"
是在明代民窑瓷器上出现最频繁的一个字，从明代早期洪武、永乐
朝到晚期天启、崇祯朝都可以见到。

　　明代瓷器上的"福"字书体各朝均有不同，虽然书体种类较多，
行书、楷书、隶书、草隶、方笔隶书都有，但一笔书特别有明代的
鲜明特色，如明代早期磁州窑"福"字纹碗，字形奔腾潇洒，也反
映出广大汉族老百姓从元代贵族残酷统治下解脱出来的欣喜的心情，
传达出来的是一个民族意识的觉醒和民族自信的恢复。明洪武开国
初期，风气蓬勃开放，潇洒的一笔书恰如其分地反映了当时的国势。
这种一笔书在后来的瓷器上依然可以见到，如明嘉靖青花缠枝莲福
寿康宁纹碗，器外壁口沿下饰几何连珠纹，下以双蓝圈开光，内分

◎ 明代早期磁州窑
　　"福"字纹碗

◎ 宋磁州窑白地黑花
　　福禄寿喜奔鹿盘

◎ 元代酱釉堆塑变形
　　福寿纹扁执壶

福—中国传统的福文化

第十一章 天下名福

◎ 明嘉靖青花缠枝莲福寿康宁纹碗

别一笔书"福、寿、康、宁"四字，间隔装饰缠枝莲花纹，碗内口沿以四瓣云头花卉饰口部一周，碗心绘缠枝莲花，全器绘画稚趣古拙，流畅豪放，一气呵成。还有明天启青花外销瓷麻布纹"福"字茶杯、明天启青花外销瓷麻布纹"福"字茶杯，麻布纹是陶瓷装饰的一种原始纹样，陶瓷器表面呈现的纤维织物印痕，也是明代瓷器上比较常见的特征，一笔书"福"字潇洒流利，毫无俗气。

　　明代民窑瓷器上这种一笔书"福"字形成的主要原因，应是民间画工为了书写便捷而形成的。民窑如碗、碟等出产量大，一般碗、碟上装饰比较简单，而带有祝福寓意的"福"字又是民间喜欢的吉祥语，民间画工在描图时，一笔一画地书写，费时又费力，于是许多画工选择了一笔书，在碗盘内心书"福"字，书写时随意发挥，信手而成，形成了一个较大的、颇有影响的群体，这就出现了往往同一窑出产的同一种瓷器上，一笔书"福"字也字形各异，千姿百态。

◎ 明万历五彩福禄寿喜罐

◎ 清代青花花卉"福"字盘

直到清代这种一笔书"福"字还经常出现在瓷器上，如清代青花花卉"福"字盘、清中期青花瓷画"福"字酒瓶等。

从明嘉靖时期开始瓷器上出现了字画一体的"福"字，既是画又是字。嘉靖皇帝对道教崇信有加，崇尚虚无，终日设斋打醮，祈神得福，所以宫中陈设器物无不选取道教题材作为装饰元素，这一特点在御窑瓷器制作上体现得十分明显，如明嘉靖青花松竹梅纹福禄寿罐，通体施釉肥润，釉色白中微闪青，周身青花满绘纹饰，颈部波浪纹，肩部绘披肩如意纹和寿字纹，腹部绘松、竹、梅，周围

◎ 明嘉靖青花松竹梅纹福禄寿罐

衬以洞石花草，青花发色浓艳，又以屈曲盘绕的竹、梅、松枝干形成"福、禄、寿"三字，形象生动逼真，将文字的祝福加以图案化，可谓独具匠心，松、竹寒冬青翠，梅花傲雪怒放，也称岁寒三友，暗喻儒释道三教合一。竹子缠绕形成变形的一笔书"福"字，竹谐音祝，表达的是祝福的寓意。这三字结字古拙，仿佛道教咒符一般，也是嘉靖朝十分典型的装饰纹样，具有鲜明的时代特征。此类的还有明嘉靖青花福禄寿松竹梅纹大罐、明嘉靖青花岁寒三友福禄寿纹大花盆等。

万历时期瓷器寓意福禄寿松竹梅的纹饰也非常流行，如明万历五彩福禄寿喜罐、明万历天启哥釉青花福寿纹大号玉壶春瓶等，主题纹饰都是以松竹梅树枝缠绕形成变形"福、禄、寿"的吉祥文字，如行云流水一般畅快自然、酣畅淋漓。福禄寿三星信仰走入寻常巷陌，成为民间世俗生活理想的真实写照。"岁寒三友"也是这一时期瓷器装饰的典型纹饰之一，多以象征长生不老的松、象征君子之道的竹和象征冰肌玉骨的梅组成表达清高坚贞气节的松竹梅纹，"福禄寿""岁寒三友"的题材一般是作为独立的纹饰分别见于瓷器装饰，但明嘉靖、万历瓷器将二者融合于一图，且构思巧妙，文字与图像相互映衬，合二为一，实属罕见。

第十二章 福在人间

在北京什刹海西岸有一处恭王府花园，原为明弘治朝大太监李广的家宅，清乾隆时，为宠臣和珅所有并重新构建作为府邸，清嘉庆四年（1799年）和珅获罪，宅第没收赐予庆郡王；清咸丰元年（1851年）赐恭亲王奕䜣，始称恭王府。

恭王府花园在园林设计上的一个重要特色就是以福文化为主题，有近万只造型各异的蝙蝠贯穿花园各处，在其建筑上的彩画、窗棂、穿枋、雀替、椽头上都可以见到蝙蝠的形象，所以有人称之为"万福之地"。全园主题鲜明突出，占地面积28000平方米，有各种建筑31处，建筑布局分为东、中、西三路。中路以一座西洋建筑风格的汉白玉拱形石门为入口，以康熙皇帝御笔亲书的"福"字碑为中心，前有独乐峰、蝠池，后有绿天小隐、蝠厅，布局精巧。恭王府花园在建园时就重在体现中路以蝠衬福这一祈福主题，中路有三大福，各据一院，前院有蝠池，中院有"福"字，后院有蝠厅。

◎ 恭王府花园后罩楼外墙墙窗的
蝠、磬、鱼等图案的砖雕花饰

福——中国传统的福文化

第十二章 福在人间

◎恭王府福寿万代、五福捧寿、四面来福、流云百福图案

　　和珅敛财祈福的心愿，无不暗藏在花园的山水亭榭之中。在独乐峰后是一座用青石围砌成的"蝠池"，因为整个池子的形状就像一只展开翅膀的蝙蝠，又似一元宝，蝙蝠是和珅最喜欢的动物，认为蝙蝠会带来福运。所以，和珅就将此取名为蝠河，后来又改称为蝠池，巧妙地将"福"藏在了景色之中。水池的四周围种有不少榆树，到了春天会长出形状像铜钱一样的叶子，北方人叫榆钱，这种树也叫摇钱树。每到春末的时候，金黄的榆钱都随风纷纷飘落入蝠池中，蝠池就像个聚宝盆。由于榆钱象征金钱，因"钱"落池中，所以蝠池还有个"聚宝盆"的别称，寓意"福"和"财"。池水很清澈，只能从东往西流，不能逆流，否则就意味着钱财的流失，可见和珅在设计上是用尽心机的。

　　与蝠池遥相对应的是康熙皇帝御笔亲书的"福"字碑。"福"字碑藏在秘云洞中，洞顶是一组叠成龛形的假山，远远看去形如"二龙戏珠"；碑基地上还有一副用碎石子摆成的中国象棋棋盘，方方正正，清晰可见。而蝠池的中心点正对着这个镇宅之宝"福"字碑。

　　中路最北部也就是最后一座建筑是蝠厅，有人说"蝠厅自早至暮皆有日照"，称"北京古建筑只此一例"。整个建筑正厅五间，前后出抱厦三间，两侧又出耳房，耳房比正厅略前，形成曲折对称类似蝙蝠的平面。蝠厅前建有石山，蝠厅与蝠池，以及后罩楼后瞻墙上的蝠、磬、鱼等图案的砖雕花饰谐音"福庆有余"，"福"字碑深藏于秘云洞正中，南蝠池，北蝠厅，一条线上贯穿一个"福"字，处处契合和珅希望得到福佑的心愿。

由此可见，恭王府花园里的一大景致就是各种蝙蝠造型的装饰物和景点。墙壁、栏杆、屋顶、长廊，流杯亭，大戏楼的窗格上，还有雕梁画栋间的彩绘也都描画着蝙蝠。有专家特意对恭王府花园的各种形式的蝙蝠做了一个统计，一共有9999只，为什么不是一万只，寓意"万福"呢？根据道教"届满即盈"的原则，和珅自然是害怕"满则溢"的。

和珅为了保住自己的荣华富贵，千方百计想把"福"留住并世代传承下去，可谓用心良苦，处心积虑，可是他最终还是落得个身首异处的下场。俗话说："福由于积德。"和珅一生为官不廉，不仁，不行善事，不积功德，只是弄些蝙蝠来祈福，没有平时种福根，哪里来的福报？

二、陈家祠的"福"字数不完

民间有"卢沟桥的狮子数不清，陈家祠的'福'字数不完"的说法。广州陈家祠又称陈氏书院，是清末广东七十二县的陈姓族人共同捐资兴建的合族祠，是集多种功能于一体的独特建筑，

◎ 福在眼前

◎ 五福捧寿

主要用于拜祭祖先、宗族联谊，同时也方便各地陈姓子弟赴省城
读书应考、诉讼、议事等，并提供临时居所。清光绪十四年（1888
年）开建，光绪二十年（1894 年）落成，陈家祠以其高超的建筑
装饰艺术闻名中外，在数不清的木雕、石雕、砖雕、陶塑、灰塑、
铜铁铸和壁画、套色玻璃画中，各种具有吉祥含义的图案数不胜数，
堪称集传统建筑吉祥图案之大成，其中又以"福"字和蝙蝠吉祥
图案最有特色。

　　陈家祠的"蝠"装饰琳琅满目，色彩缤纷，从木雕到石雕、
砖雕再到灰塑，从屋脊到梁架再到柱础，几乎有装饰的地方就有
"蝠"，目的是让福运源源不断地从各个地方涌入，使陈家祠成为
岭南最多"福"的古代建筑物。陈家祠的"蝠"图案装饰多而不杂，
形式多样，生动活泼，如五只色彩斑斓的蝙蝠围绕一个"寿"字，
寓意五福捧寿；两只活泼可爱的蝙蝠相叠，称为福上加福；蝙蝠衔
如意结、桃子，寓意福寿如意；蝙蝠口衔双钱，称为福在眼前；山
墙上灰塑红蝙蝠，寓意洪福齐天；钟馗执扇招引翩翩飞舞的蝙蝠，
寓意引福归堂……

　　陈家祠堂屋脊陶塑、灰塑中有许多蝙蝠造型，神态各异，令
人称绝。这些灰塑主要装饰在屋脊基座、山墙垂脊、廊门屋顶、

厢房和庭院连廊及东西斋的屋脊上，灰塑采用了大量经艺术化加工的蝙蝠作为装饰，最大的一个"蝠"在聚贤堂瓦脊两边的山墙上，有一个4平方米的蝙蝠口衔两个大铜钱，寓意福在眼前；而最小的木雕蝙蝠长仅2厘米，两者相差数百倍。陈家祠"蝠"的图案丰富多彩，化抽象为具象，经过夸张、美化和变形处理的蝙蝠，使陈家祠显得更加绚丽多彩，既表达了吉祥寓意，又起到了极好的装饰效果，两全其美。

这里还藏着"岭南第一福"。在陈家祠第一进巨大的木雕屏门中间裙板上有两扇木雕的"福"字，一左一右，互为倒写，刻在屏门上，表示"福到陈家"，又隐含了双福盈门的美意，同时也保持了建筑装饰和建筑布局左右对称的统一，达到了整体的协调美。"福"字以盘根错节、斑驳苍劲的老竹造型雕出，老竹由根部盘旋而起，形如走蛇，气贯长虹，又似游龙戏水，轻巧自如，

◎ 陈家祠第一进屏门木雕"福"字

八只仙鹤错落站立在由竹子组成的"福"字中，仙鹤象征长寿，"竹"与"祝"谐音，寓意祝福祝寿。这个草书"福"字还有一绝，"福"字的"示"字形是一个草书"寿"字，"畐"字形是一个草书"多"字，巧妙构成"多寿之福"。"福"字图画面上还有题款："青春发达，大器晚成。"

在这对木雕的左右两边，还有一对《五福捧寿》木雕也十分绝妙，是通过蝙蝠这一传统形象来加以表现的，其整体图案是一个精致的博古架，上面摆有珊瑚、青铜香炉、铜钟和玉璧等，还有数只小鸟和题款："英雄吐气兆乎福寿连绵。"青铜香炉上飘升起一股袅袅的轻烟，氤氤氲氲，香气飘散，化成五只蝙蝠围绕一个"寿"字，构成"五福捧寿"图。这对木雕巧妙地以"蝠"喻"福"，又将"寿"放在五只蝙蝠中间，寓意寿在福中，福寿连绵，也是左右对称，和两幅"岭南第一福"木雕组合在一起，就是福寿双全。

还有一对两幅的《梅开五福》木雕，整体图案也是一个精致的博古架，上面摆有插有梅花的花瓶、笔

◎ 福寿双全

◎ 陈家祠门上木雕五福捧寿

山、万年青、方胜、"卍"字文、如意、双钱结、仙鹤和宝鼎，从宝鼎中飘出轻烟化作祥云和蝙蝠。寓意正如画面题词所说"梅开五福多瑞气，烟霭缭绕长寿花""金瓶梅发书馨气，宝鼎烟生福寿云"。这对木雕也是两幅，左右对称。

陈家祠的建筑装饰通过对蝙蝠创造性的运用来表达福的意念。这些蝙蝠吉祥图案融汇了民间能工巧匠的心血和智慧，艺术水平高超。

三、丹霞谷五福齐全

国家 AAAA 级景区中国丹霞谷是地球上高原峡谷青年期丹霞地貌的典型代表，不仅有美不胜收的自然景观，而且在青山绿水的空间载体之中还演绎着中国的福文化，世称丹霞福地，自然景观、人文景观与福文化景观融为一体，让游客寻福而来，带福而去，通过亲身体验，一饱眼福，感受到福文化的魅力。

在丹霞谷福临门景区，首先扑面而来的是流水中央的巨大的梅开五福"福"字石刻，这个字十分奇特，首先是反着写的，其次笔画中有五朵梅花。梅花的五个花瓣象征着福、禄、寿、喜、财，传统对联说：梅花开五福，竹叶兆三多。这也是画家喜爱的画题，大画家董寿平1987年创作的《花开五福》，款识非常有意思：老树已成铁，逢春又着花。花开皆五福，先到吉人家。可见梅开五福形成

◎ 梅开五福石刻

◎ 福禄寿喜财摩崖石刻

◎ 丹霞谷木栈道景区少数民族"福"字

了一个内涵丰富的福文化符号。

在福临门景区还有一幅别具一格的巨大摩崖石刻《福禄寿喜财》，借形赋字，以物象的谐音、象征来喻字，石刻左边"示"字的上面一点是个寿桃，为长寿的象征，中间是寿星头像，又是个"畐"字，组合起来就是"福"字。寿星的耳朵是一只蝙蝠，喻福。寿星的拐杖上挂着葫芦，喻禄。拐杖顶端站立着一只喜鹊，喻喜。寿星拐杖串联着一串古钱，喻财。这既是图又是字，经过众多元素的叠加组合，全图寓意为福禄寿喜财，五福一起来。

来到福禄寿三星谷景区，走上福桥，映入眼帘的是石壁上巨大的"福""禄""寿"三字，沿着石壁下右拐是登上祈福台的山路，沿途镌刻有清代皇帝御笔五福，分别是道光、嘉庆、乾隆、雍正、康熙皇帝的"福"字。还可以见到云纹"福"字、水纹"福"字、星纹"福"字、鱼纹"福"字等自然五福和少数民族的"福"字以及毛泽东、刘少奇、周恩来、朱德等伟人题写的五福，可谓福在身边相随，福气聚上心头。

第十三章　福来福建

中国与"福"最有渊源的省份是福建省。福建古称"闽"，其名字的由来，也与福州有关，唐开元二十一年（733年），唐玄宗在闽设立军事长官经略使，并取福州、建州的首字，名为"福建经略使"，与福州都督府并存，这是历史上首见"福建"之称，元至元十五年（1278年）设置福建中书省，这是福建称省之始。除了省份福建名字之外，诸如福州、福清（古称福唐）、福安（古称福宁）、福鼎、永福（今永泰）等古今地名，无不隐现福文化的历史身影。由于这些州郡府县都是福字当头，后来民间俗语因此说："福地福人居。"

在福建民间木雕、石雕、漆艺、瓷雕、泥塑、剪纸、年画等领域也有许多传统福文化元素，如福州三坊七巷的"天官赐福"木雕，就是老百姓祭祀天官以求得幸福美好生活的写照；还有闽南民间的"福禄寿"石雕，福星、禄星、寿星各持宝物降福，深受大众喜爱；南安蔡氏古民居的"五福临门"

◎ 福州三坊七巷"天官赐福"木雕

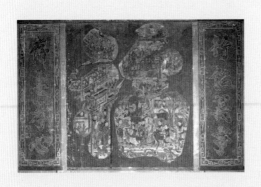

◎ 三明市尤溪梅仙镇建于清嘉庆年间的延陵堂正厅厅头墙壁上以"福"字为造型的《延陵郡福寿图》

石雕、闽南多地古民居的门窗、壁堵等建筑构件中的"五福拱寿"图案等等，都是在建筑中通过象征、借喻、谐音等艺术手法体现福文化；而漳州木版年画"梅花福"，则是在"福"字内填上梅花，福字与"五福花"叠加构图，表达了"梅开五福"的吉祥寓意。三明尤溪梅仙镇建于清嘉庆年间的延陵堂正厅厅头墙壁上绘有一幅以行书"福"字为造型的《延陵郡福寿图》，在"福"字的笔画中，嵌入人物祝寿和动物、花鸟绘画，精美绝伦，两侧悬有朱熹的书法对联："行仁义事，存忠孝心。"

一、有福之州

福州是全国唯一一个以"福"为名的省会城市、历史名城。福州是个吉祥的名字，所蕴含的吉祥福祉，就是福州与"福"字完美地融合在一起，充满了福气、祝福的美好寓意，连居住此地的居民也倍感自豪，他们不仅福祉昌延，而且福分常在，可谓生长在福气窝里边了，有这么一个幸福安乐的地方，实乃神州福地。

◎ 清末福州府南门全景图

清末，曾在福州居住过的美国传教士卢公明曾写了一本描写150年前福州人真实生活的《中国人的社会生活》，书的副标题是"一个美国传教士的晚清福州见闻录"，开篇第一句话就是："福州——有福之州，是福建省的首府。"用"有福之州"来解释"福州"名字的渊源。福州鼓山有清咸丰甲寅年(1854年)摩崖石刻"福城东际"，此语本出自佛经，这里既是佛语，又说明了鼓山在福州城的东边，称福州作"福城"。在今日的福州市到处可以见到城市广告宣传语"有福之州"。福州确实聚拢了福气，是一座名副其实的"有福之州"，这里四季常青，物产丰富，商贸发达，经济繁荣，民风淳朴，文化昌盛。老福州人总爱说一句话："七溜八溜，不离福州。"道出了福州人对"有福之州"的依恋和热爱。福州承载着安祥平和，也承载着宁静美丽，福庇了一代又一代的福州人民。

从公元前202年建城以来，福州分别有过闽中、晋安、三山、长乐、榕城、天兴府、福安、闽海、闽州、泉州、左海等别称。自唐玄宗开元十三年（725年），设福州都督府，"因城西北有福山"而定名福州。从此，福州就与福结缘，充满了浓郁的福文化色彩。福州自得名之始，就恰逢开元盛世，福州百姓享受了太平盛世的幸福安乐，即便天宝十四年（755年）发生了"安史之乱"，在长达十余年的时间里，中原山河破碎，生民涂炭，但地处东南的福州，依然风景如画，男耕女织，俨然一派桃源景象，成为北方士民南迁避乱的洞天福地。自此以后，福州较少有战乱兵灾，偏安一隅，这就印证古人论福时所说的那句话："兵戈不扰，太平就是福。"

◎ 鼓山摩崖石刻"福城东际"

◎ 鼓山灵源洞摩崖石刻清代章寿彝书
　 "福"字

◎ 鼓山摩崖石刻"福寿"

　　福州拥有得天独厚的福文化底蕴，福文化覆盖到了方方面面，并形成了自己的地域特色。民间传说，福州古城格局就是一个"福"字草书造型，古时在鼓山顶眺望福州古城，可以看见这个"福"字。从"福州"这个名字，还衍生出众多带"福"字的路街、巷弄、村里、山河、厝井、寺观、水果之名，乃至人名、民俗，如连同福州、福山在内，据不完全统计，福州的地名带"福"字的就有70多个，而福州市福清以福为名的乡村、山脉、寺院等比比皆是，如永福乡、善福里、安福村、幸福村、福塘境、福庐山、福胜山、万福禅寺、福山寺、五福寺、安福寺、福应寺、嘉福寺、福庐寺、福兴寺、福真观、福应庙、福华堂、福堂、嘉福渡等等。明代内阁大学士、邑人叶向高素以家乡"福建省福州府福清县福唐里福庐山"凑成"五福"为荣。在民间还一直流传着祖辈相传沿袭的"做福"习俗，主持人称为"福首"，所出餐费为"福份"，入席券为"福券"，酒席为"福餐"等等，无不传达出人们希望平安幸福的愿望。

　　福州独特的自然资源，也都蕴含着福文化内涵。如福州独一无二的寿山石雕，以出产于福州晋安区寿山乡的上等寿山彩石雕刻，

福——中国传统的福文化

第十三章 福来福建

277

因石色彩斑斓、温润如玉、晶莹剔透，素有"石之君子""国之瑰宝"的美誉，寿山田黄石更是被誉为"石中之王"，寿山石雕大多是吉祥祈福的内容。福州特产传统的脱胎漆器、纸伞、角梳、贝雕、瓷器、软木雕刻等工艺作品，也多有福文化的题材，蕴含着求福、祈福的内涵；福船、福橘、福果（橄榄）和太平面等也都有象征平安美好的寓意，福的理念早已渗透在福州人日常生活的各个层面。

古代福州名人对"福"字也特别青睐，字号室名往往喜欢取用"福"字，明代文学大家曹学佺，字能始，室名福庐，福州洪塘人；林绍年，字赞如，号健斋，室名福雅堂，福州衣锦坊酒库弄人；郭曾炘，字春榆，号匏庵，别号福庐山人，福州黄巷人；闽剧艺术家林芝芳，原名福生，号依福，闽侯青圃人……

福文化与佛文化的融合，也是福州福文化的一大特色。福州宗教文化丰富，有"佛国"之称，从南朝到中华人民共和国成立前，在福州境内先后建成且有文字记载的寺院有165座。如今全国重点佛教寺院有涌泉寺、西禅寺、林阳寺、地藏寺、万福寺、雪峰寺等6座。这些寺院所在山上多有福文化元素的摩崖石刻，如永泰方广岩寺附

◎ 福州市永泰县白云乡姬岩清代黄粉山书、
　僧本善刻石"福"字

◎ 方广岩摩崖石刻"闽山福地"

近的摩崖石刻就有清光绪五年（1879 年）九月初九末代帝师陈宝琛的祖父陈景亮 70 岁游历方广岩题刻的"闽山福地"。"福"与"佛"谐音，"福"就是"佛"，"佛"就是"福"，各寺院的祈福法会，是指祈求神明降福或设醮还愿之事而举办的法会，佛家的这种祈福活动体现了百姓祈福的愿望，蕴含着福州独特的佛文化地域风情，也折射出福州福文化的独特寓意。每到新年之际，福清石竹山道院都会举办"接春纳福"的仪式，向上苍祈求赐福，为新年纳福添寿，具有国泰民安、风调雨顺、五谷丰登等美好祝福。

二、打造人间福地

2013 年 3 月，福建省政府办公厅下发《关于实施打造"山海画廊、人间福地"2013 年行动方计划的通知》，启动打造"山海画廊、人间福地"行动。2013 年 1 月 25 日，福州市委工作会议决定，推进福文化开发，年内将实施朱紫坊、上下杭、烟台山、船政文化遗址群保护修复；持续打造提升闽都文化品牌，推进福文化开发，推动三坊七巷申报世界文化遗产和创建国家 AAAAA 级旅游景区，推动鼓岭创建国家级旅游度假区。推进福文化开发，不是停留在口号上，而是落实在行动上，多一些惠民举措，造福百姓，让百姓真正感到幸福。在挖掘和弘扬闽都福文化基础上，福州市致力于塑造福文化形象品牌特质，打造"有福之州"的美丽家园。

2010 年 9 月，由福州市委宣传部主办，福州市社会科学界联合会、福建省收藏家协会等单位承办的福文化物品征集评选活动，得到广大市民的热情参与。征集内容主要为福州市在经济、社会、文化等各方面开展活动中形成的具有一定历史文化和民俗、艺术价值的"福"字及寓意"福"的物品的实物、照片等。组委会对征集到的"福"文化物品进行评选，选出各类奖项，并对获奖作品举行展览，使福州百姓大饱眼福。

◎ 晚清素三彩天官"福字"壶

◎ 民国火花福禄寿

◎ 长沙火柴厂百福火花

2011年春节，三坊七巷主打福文化牌，每天都有不一样的节目，分为辞旧迎新福满门、福降神州逛庙会、张灯结彩迎福年、风调雨顺增百福、春满乾坤福满楼、宏图福步岁平安六个主题的民俗文化活动。活动有舞狮表演、民俗踩街（盖山太平鼓、盖山高湖村舞龙、十二婆姐）、闽剧大家学互动活动、千人书"福"互动活动、闽都喜娘叫好三坊七巷擂台赛、福州话歌曲比赛、民俗手工擂台赛、福州传统民俗小吃现场互动制作、闽剧折子戏表演、《梦回坊巷》实景演艺、露天电影、民俗礼节、民俗表演等。

2011年2月，在三坊七巷郎官巷琴南书院举办了"有福之州，万福来朝"福文化展，展品丰富多样，有瓷器、紫砂、玉器、铜器、绣品、寿山石雕、福州漆器、书画作品、古籍善本及民俗用品等，所有展品都离不开"福"主题。这次福文化展旨在丰富市民节日生活，为新年祝福、添福、请福。福州方言中"福"与"壶"谐音，展出的100个造型各异的壶，寓意"百福"，其中清代提壶四面都有"福"字，更有"福"字造型的壶，可谓福上加福。福州火花大王陈鲁展出了用长沙火柴厂百福火花拼接而成的"福"字，百福火花是长沙火柴厂设计师王安诚搜集史籍关于"福"字的100种写法，上到西周的钟鼎文，下至现代时期简化后的"福"字，据此制作成的火花模板。

……

2022年新春伊始，福建省委提出在虎年春节期间，营造新一轮弘扬福文化热潮，通过举办一系列展演展播和展览展示活动，推动福文化资源转化利用，打响福建福文化品牌，助力文化强省建设。1月26日，被满满的福元素装扮一新的福山郊野公园福榕园舞台上，"虎年福见，有福之州：迎虎年春节，过幸福生活"福州市主会场活动启动仪式在开场歌舞《虎年福见，有福之州》中拉开序幕，人们翩翩起舞，用福州方言齐声喊着"七溜八溜，不离福州；新春吉祥，虎年有福"顺口溜，台下的观众喜笑颜开，无不沉浸在虎年有福的喜悦之中。在"福山舞墨""福水留香""福道逸情""福泉映画""福年有礼"等各个互动区域，既有书法家现场写春联送

◎ 2022年"虎年福见，有福之州：迎虎年春节，过幸福生活"福州市主会场启动仪式现场

◎ 福州闽江畔福文化灯光秀展示

"福"，也能体验打印个人专属"福"字贴、制作"虎年福见"文创 T 恤、布袋，还能看到琳琅满目的福文化主题文创产品，吸引众多市民群众前来"打卡"，尤其是一些包含着"福"字的作品最受人们欢迎。全长 20 千米、风景如画的公园步行"福道"是一条名副其实的幸福道，串联起 3 座山体的 24 个重要景观点，一路上洋溢着浓厚的福文化氛围，有朱熹手书的"福"字摩崖题刻福字坪，有鸟语花香的福榕园，有铺着夜光石的祈福台……人们在祈福树下，许下美好愿景，祝福所有人的福气像福道一样顺顺畅畅、长长久久。这次活动突出"虎年福见·有福之州"主旨，围绕"登福山、亲福水、走福道、泡福泉、过福年"等 5 个主题，在春节期间以精品节目、文旅活动等多种形式，组织开展海峡两岸民俗文化节、"2022 中国·福州"新春文化旅游月、"游闽都·走古厝·品榕韵"新春文化惠民演出、"温泉之都全民乐泡"2022 年福州新春温泉旅游季等近 300 场惠民文化活动，为市民群众送去精彩纷呈的新春文化盛宴。通过举办"五福"主题系列活动，让更多人感受到福州山水城市的生态魅力和闽都文化的深厚底蕴，进一步增强对有福之州的认同感、归属感，共同营造欢乐祥和、福气满满的节日氛围。

三、朱熹的德福观

福州有历代留下的许多摩崖石刻，其中鼓山摩崖石刻有 300 多处，上起北宋，下迄当代，前后延续近千年，内容丰富，篆、隶、行草、楷俱全，堪称福州碑林，被国务院批准列入第五批全国重点文物保护单位名单，其中有清代石刻草书"福"和楷书"福寿"。最引人瞩目的是鼓山灵源洞蹴鳌桥下深涧岩壁上的楷书"寿"字，字高 4.15 米，宽 3.05 米，为南宋大儒朱熹所书，刚劲敦厚，是福建省最大的古代摩崖石刻之一。这个"寿"字石刻与乌山朱熹的"福"字石刻并称"福寿齐天"。

朱熹是南宋著名理学家、思想家、教育家，是闽学的代表人物，他十分强调理性道德幸福与感性物质幸福之间的对立，提出"人只有个天理人欲，此胜则彼退，彼胜则此退，无中立不进退之理"。在这种对立关系中，他坚定地主张"去欲"，认为在限制了对外部物质的渴望之后，人才能更注重自身内心世界的精神追求，以此获得理性道德幸福。在追求幸福的过程中，朱熹在借鉴和超越佛道德福理论的基础上，立足传统儒学的价值立场，从理性道德幸福在幸福内容结构中的地位、道德作为获取幸福手段的

◎朱熹的"福"字石刻

◎朱熹的"寿"字石刻

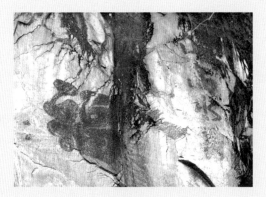
◎ 梧埕村河畔石壁朱熹"福"字石刻

作用，以及如何推进德福一致的实现等方面，构建了新的德福观。朱熹认为只有道德才是获得幸福的唯一手段："为善则福报，为恶则祸报，其应一一不差者，是其理必如此。"当一个人的德积到一定的程度，福报也自然来了，也就是"人为善，福虽未至，祸已远离。"

历史悠久的乌山，自唐代至清代，遗留有 200 多处珍贵的摩崖石刻，篆、隶、楷、行、草各有其神妙，山上自然景观与人文景观交相融合。乌山摩崖石刻以及造像早在 1961 年就被列为第一批省级文保单位，朱熹的"福"字石刻就在这里。清代福州人林枫《榕城考古略》卷上《城橹第一·形胜》记载："福字坪，在观音岩旁。朱子楷书'福'字，长丈余，与鼓山'寿'字匹，旁有'开禧丁卯正月郡人张元简'十一字。"《乌石山志》也记载："双峰梦下，宋朱文公楷书福字丈余，镌石。"朱熹的"福"字是福州最大的单字摩崖石刻。20 世纪五六十年代，因修建供水工程，朱熹的"福"字石刻永远消失了。现在刻在乌山北坡紫清园的"福"字石刻是重新摹刻的，位于白猴洞左侧的大岩石上，字径 4.25 米，左边镌刻着朱熹晚年字号"晦翁"。

朱熹出生在尤溪县城南毓秀峰下，一生中有 50 多年时间在福建度过，武夷山、尤溪、建阳、福州、莆田、同安等地都留有他的足迹，他不仅在福建教书育人，福泽一方，还在福建多处留下了

"福"。中国历史文化名镇福州市永泰县嵩口镇梧埕村福斗湾河岸边峭壁上有一个"福"字题刻，据《永泰县志》记载即为朱熹题字石刻，似乎墨香犹存，右下方落款"晦翁"二字，旁边有"山高水长"石刻，朱熹祈盼福地福人得，世代得平安，把最真诚的祝福留给了永泰百姓。

作为一个理学家，朱熹也很注重以理入诗，以此让理学思想更广泛地传播开来。他有一首题为《仁术》的诗：

> 在昔贤君子，存心每欲仁。
> 求端从有术，及物岂无因。
> 恻隐来何自，虚明觉处真。
> 扩充从此念，福泽遍斯民。
> 入井仓皇际，牵牛觳觫辰。
> 向来看楚越，今日备吾身。

孟子认为，"恻隐之心，仁之端也。"这首诗从儒家"仁"的核心理念出发，解析孟子"仁"的观点。朱熹认为，将恻隐之心扩充仁义礼智四端，以不忍人之心行不忍人之政，就能让天下百姓都得到幸福。在直抒胸臆的《仁术》诗中，朱熹心中装的是仁爱布满人间的"天下福"，反映了他胸怀天下的仁爱精神。

四、为天下人谋永福

在清代末期，民主革命思潮风起云涌，各地都出现了许多革命志士，他们为了实现革命理想不惜抛头颅，洒热血，舍生取义。在福州也有这样一位年轻革命者，他就是林觉民。1887 年，林觉民出生于福州三坊七巷，14 岁考入全闽大学堂文科，在学校接触了民主革命思想，组织过多次学生运动。从大学堂毕业后，林觉民与陈意

◎《与妻书》

◎ 福州鼓山后人题写的"为天下人谋永福"石刻

映结婚，婚后不久即赴日本留学。在日本期间，林觉民与民主革命党人越走越近，加入了同盟会。1911 年回国，参与黄花岗起义，负伤力竭被俘，当官府审讯时，畅谈国事，并写下了数千字的"自供状"，诉说对共和政体的期盼。在被关押拷打数日后，林觉民慷慨就义，年仅 23 岁。

在起义前夕，林觉民在香港滨江楼写下了两封遗书，分别是给嗣父的《禀父书》和给爱妻的《与妻书》。《禀父书》中乞求父亲对自己的谅解，《与妻书》写在一方小小的手帕上，字里行间既可见文人式的缠绵恩爱，又见革命者的志向胸怀。情感饱满强烈，读来令人动容。其中的一句"汝体吾此心，于啼泣之余，亦以天下人为念，当亦乐牺牲吾身与汝身之福利，为天下人谋永福也"更是成为后世传唱不绝的经典。

黄花岗起义缩短了以推翻清王朝专制统治为目标的革命斗争的时间。1911 年 10 月，辛亥革命终于推翻了清王朝的封建统治，结束了中国两千多年的君主专制制度。

五、古田会议会址的红色"福"

　　1929年，毛泽东同志在龙岩上杭古田主持召开著名的古田会议，探索出"思想建党、政治建军"的光辉道路，新型人民军队由此走上了发展壮大的历史征程。古田会议会址是一座白墙青瓦、庄重古朴的四合院。这座四合院是廖氏宗祠，建于清道光二十八年（1848年），又名"万源祠"，是廖氏族人为了祭祀先祖廖扶而修建的。在前厅两侧的窗户上各有两个石窗，分别为"福"字和"囍"字，其中"福"字石窗比较特殊，直接以"福"字作为表达福文化的载体，将"福"字演化为美观的几何纹来表达，右边由上"古"下"田"构成"畐"，从外面看是一个"福"字，而从里往外看却是"古田"两个字，是以中国汉字特有的几何线条纹饰构成"福"字图案，简洁大气，十分醒目大方，又寓意吉祥。福藏古田，古田有福，古田人不仅把"福"字做成雕塑永久地镶嵌在窗户上，如今更是把"福"字贴在家家户户的屋门上、墙壁上、门楣上。在圣地古田，随处可

◎ 古田会议会址全景

◎ 古田会议会址的"福"字窗

见满眼红彤彤的"福"字，到处洋溢着浓浓的福文化氛围，既融入了传统民间福文化的吉祥愿望，又恰到好处地融入当地的红色文化，在全国福文化中独树一帜。

千百年来，一个"福"字，承载着这片土地上的人们多少希冀多少渴盼。古田会议会址大门上的对联曰"万福攸同祥绵世彩，源泉有本派衍义溪"。联中"万福攸同"典自《诗经》，意思是万福齐聚，人间的万种福祉一齐到来。《古田会议决议》确立了"思想建党、政治建军、党指挥枪"的原则，也奠定了实事求是和群众路线的基础，是建党建军的纲领性文件。它不仅是党和军队建设史上的里程碑，也是值得不断学习探索的精神丰碑。从历史角度来看，毛泽东思想在此初步形成。这里也成为了红军命运转折的福地。

六、漳州木版年画中的福文化

　　中国木版年画是中国历史悠久的传统民俗文化艺术形式，有
1000多年的历史。漳州木版年画最初在唐代由中原传入漳州，并流
入龙岩，宋代开始流行，盛于明清，至民国初年尤其繁荣，是南方
民间木版年画中粗犷和秀丽兼长的独特品种。漳州木版年画内容主
要有祈求吉祥如意、避邪消灾两大类别，不仅在福建各地和广东岭
南以及台湾、香港一带销售，明清时期，随着漳州月港对外贸易的
兴起，还曾一度远销东南亚、日本等地。2006年5月，国务院公布
第一批国家级非物质文化遗产名录，福建漳州木版年画作为民间美
术代表进入名录。漳州木版年画祈求吉祥如意一类作品中又主要以
福文化内容为主体，现存的漳州木版年画中，福文化内容的作品都
是不可多得的艺术佳作。

　　民间木版年画是利用百姓生活中的风俗、信仰、传说等关联
的美好愿望，以一种寓意、象征、谐音、文字等吉祥如意的符号

◎ 漳州木版年画清代雕版《梅花福字》

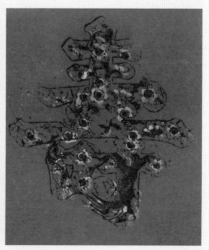

◎ 漳州木版年画清代雕版《梅花寿字》

和图形作为表征的传统艺术，按照百姓生活需要、思想要求、民俗民风的发展加以创作，是中国民间文化的结晶。如漳州木版年画清代雕版《梅花福字》，以双勾形式刻印一个大"福"字，字内以梅花填空。梅花又叫五福花，象征五福，"福"字和五福花叠加，表达了梅开五福的吉祥寓意，民间传统认为梅开五福是长寿健康、安宁富贵、路路通达、好事连连、财运亨通的象征。《梅花福字》与《梅花寿字》为对画，色彩明快，富丽大方，主要张贴在单扇门或门格、米缸处。

传统文化价值观历来重和谐，盼富贵，祈平安，求吉祥，而家业昌盛、阖家幸福、健康长寿、子孙兴旺则是人们理想的幸福生活追求。这些渗透在老百姓心灵深处的价值理念，往往在语言崇拜的心理作用下，通过一些谐音吉祥物体现出来，吉祥瑞兽"虎"与"福"谐音，尤其是闽南语中"虎"发音"福"。闽南民间虎神崇拜历史悠久，以虎为神兽可御豺狼邪祟的侵害，民间以老虎的血盆大口能叼住财宝，祀之可以赢钱，故而老虎逐渐成为财神的一种。人们以

◎ 漳州木版年画清代雕版《五虎进宝》

◎ 清代漳州木版年画《福禄寿喜》

"虎"谐音"福",把有五只老虎的画也称为《五福图》,漳州木版年画清代雕版《五虎进宝》描绘五只憨态可掬的老虎围绕在聚宝盆周围,中间一只老虎抱着"招财进宝"的大铜钱,每只老虎神态各异,生动可爱,聚宝盆中盛满金元宝、红珊瑚、金钱银锭等各种宝物,既寓意镇保平安、驱邪迎福,又寓意招财进宝、财源滚滚,此图多贴在箱柜上,取生财护财的意思。泉州木版年画清代雕版《五福图》基本上与它类似。

泉州木版年画清代雕版《福虎衔钱》,绘一头斑斓猛虎,口衔"招财进宝"的金钱,背负太极八卦图,身护盛满宝物的聚宝盆,象征财富年丰。年画造型丰满威武,形态生动,是闽南和海外华侨喜爱的形式。清代漳州木版年画《衔钱进宝》与其类似。

寺庙使用的宗教木版年画是漳州的特色,为中国木版年画中独有的品种,图案多有吉祥寓意,如漳州木版年画清代雕版《福禄寿喜》,长80厘米,宽80厘米,是专供寺庙做功德贴用,画中分别彩印福、禄、寿、喜四位神灵,色彩绚丽而沉静,富有装饰趣味。此画构思明确,人物造型及刻印风格古雅有趣。

民间传说中的三位吉星，即手执如意、赐福于民的福星；怀抱婴孩、身着员外服饰的禄星；额广鬓白、捧桃扶杖、笑容可掬的寿星。这是年画和其他造型艺术创作中反复表现的题材，在民间很受欢迎。清代漳州木版年画《福禄永昌》就是这方面的优秀作品。

　　祈福型漳州木版年画主要有《加冠进禄》《簪花晋爵》等代表作，以一品朝官为门神的年画既含有"加官进禄"高升之意，又有"天官赐福"的吉利象征，画中人物为朝官打扮，头戴官帽，身穿蟒袍，腰横玉带，足踏朝靴，五绺长髯，一手持笏板，一手托盘，盘中有牡丹、爵、冠、鹿等物，寓意富贵盈门、官运亨通、福星高照、家族兴旺、金榜题名，反映了人们求富求贵的心理。此类门神多贴于正厅大门。

　　"富贵寿考"是中国福文化中著名的典故，出自唐代中兴名将郭子仪的传说，民间年画多以郭子仪寿诞为题材。清代漳州木版年画《富贵寿考》（又名"郭子仪拜寿"）属于花灯用的年画中故事类灯画。漳州地区月月有节，民间历来都有逢节制灯的习俗，每年十二月挂富贵寿考灯，《富贵寿考》描绘郭子仪白须黄袍，和身着红袍的

◎ 清代漳州木版年画《福禄永昌》

◎ 明代漳州木版年画《加冠进禄》

妻子坐在殿前太师椅上，阶下的儿子女婿前来祝福拜寿的情景，表现了富贵寿考、多子多福的寓意。

　　漳州木版年画构图疏朗，清新雅致，极富民俗韵味，承载着更多闽南文化元素，是中国南方年画的代表之一，其中有关福文化内容与其他内容的年画共同勾勒出闽南木版年画完整的艺术风貌，是中国木版年画中不可多得的艺术珍品。

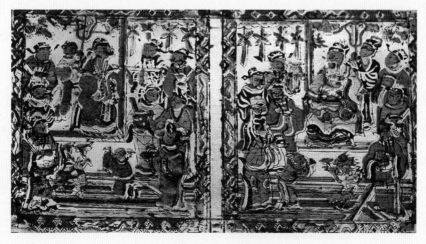

◎ 清代漳州木版年画《宝贵寿考》

福文化是古代建筑不可或缺的组成部分，在建筑装饰中，民宅的斗拱、雀替、门楣、迎风、柱础、阶石、影壁、牌坊、走廊以及在门框、窗棂、门墩、栏杆、座礅、石桩等细小的地方，福文化的元素随处可见，体现的是吉祥如意的寓意。

闽南古建筑中有一种独特的样式叫"皇宫起"，"红砖白石双坡曲，出砖入石燕尾脊。雕梁画栋皇宫起，石雕木雕双合璧"这四句话基本概括了这种建筑风格，具体来说就是墙体由石材、红砖和瓦砾交错构筑，色彩喜庆。房屋的正脊呈曲线状，两端翘起，并有分叉，形似燕子的尾巴，也被赋予了"双燕归脊"、家族团圆的美好寓意。山墙上常装饰代表吉祥如意的云纹，墙面上的各种几何装饰也各有寓意，如葫芦寓意福禄、龟寓意长寿、梅花寓意五福等等，此外，在斗拱、雀替、门窗、屏风等建筑构件上也是精雕细刻人物、花鸟、瑞兽、纹饰，基本都是图必有意，意必吉祥。

泉州南安蔡氏古民居建筑群于1867年始建，1911年竣工，主要是由旅居菲律宾侨商蔡资深所建，是闽南红砖建筑的典型代表，

◎德梯厝门额之上悬有"锦阳流芳"的横匾，两侧有"福禄寿喜"人物石雕

◎ 德梯厝大厅寿屏顶木拼"福"字

◎ 南安蔡氏古民居中的雕塑（南安市委宣传部供图）

2001 年被列为全国重点文物保护单位。建筑群规模宏大，现存宅第 20 座，书房 1 座，当铺 1 座，宗祠遗迹 1 处，总占地面积 3 万多平方米。各宅第自成院落，多由硬山式燕尾脊五开间大厝和左右卷棚式护厝组成。建筑群布局规整，前后座之间以宽 10 米左右的石埕相连，左右纵列以 1~2 米宽的防火通道相间。建筑群内石雕、木雕、砖雕、泥塑等雕饰精美，内涵丰富，部分融合了西方和南洋的文化元素。

在这片建筑群中，也凸显着众多福文化元素，如德梯厝的厅壁上有一处椭圆形装饰，里面的蝙蝠木雕翩然欲飞；在蔡浅别馆的正厅墙面上也有五只水墨画的蝙蝠，突出了"五福捧寿"的寓意；德梯厝大厅寿屏顶木拼"福"字也极有特色；德梯厝门额之上悬有"锦阳流芳"的横匾，两侧有"福禄寿喜"人物石雕；彩楼厝里的隔屏木雕，精巧地雕刻了石狮、宝鼎、佛手、菠萝，这些都是闽南传统民居装饰艺术中和合如意、富贵长寿、多子多福等吉祥寓意的集中体现。德典厝门廊对看堵石雕螭龙对舞"福"字，

◎ 德典厝门廊对看堵石雕螭龙对舞"福"字

◎ 西溪寮村民居塌寿大门堵石螭龙"福"字

◎ 茂炜堂圆形石雕螭龙"福"字

由一条直立的云龙和一条盘曲的云龙组成圆形的"福"字，既是龙又是字，表达了祈福祝福的愿望，又借助了龙的神威，富有朴素的民间趣味；四角各有象征好运的蝙蝠，四只蝙蝠和圆形螭龙"福"字，寓意"五福（蝠）临门"。与此类似的还有清末泉州晋江安海镇西溪寮村民居塌寿大门堵石螭龙"福"字，也是四只蝙蝠和圆形螭龙"福"字，只是四边多了四束花纹。还有修建于清乾隆年间的、连城县莒溪镇墩坑村古建筑群中的茂炜堂，原貌保存完整，有较高的建筑艺术价值，镶嵌在墙上的圆形石雕螭龙"福"字，由升龙与蟠龙加上云纹构成，表达了阖家幸福的含义。

除了这种螭龙"福"字石雕，还有龙凤"福"字石雕也颇具特色，在福建古代民居经常可以见到。龙凤呈祥"福"字，一龙一凤，两两相视，凤立龙蟠，凤是一只昂首翘望、展翅飞翔在祥云中的飞凤，龙是一只龙头高昂，龙身盘虬回环的蟠龙，凤张口顾盼，目光炯炯有神，龙屈身抬头，尽显威猛气势。龙凤形态流畅奔放，造型生动传神，活灵活现，极具动感，龙凤相亲相拥，组成了一个圆形"福"字，象征龙凤呈祥，美满团圆。宁德市霞浦县沙江镇竹江村王氏大院内照壁龙凤"福"字，相传为康熙年间雕刻，灰底，微浮雕，左凤右龙，团抱成"福"字，外收圆边，凤头龙头均为写实，凤身龙身均由如意云纹组成，具有龙凤呈祥、龙凤合欢的寓意，颇为灵动。这种龙凤"福"字在霞浦县下浒镇

◎ 王氏大院内照壁龙凤"福"字

◎ 三洲古民居群中龙凤"福"字

三洲村的三洲古民居群中也几乎处处可见，三洲古民居是霞浦县保存最好的清末民国建筑群，每座房子后并墙壁均有灰塑雕，题材大多为福文化元素。

在福建还发现了全国独一无二的"福"字龟峰岩，坐落于泉州市洛江区罗溪镇龟峰山南麓。龟峰山因形似灵龟而得名，古人依龟峰山石崖而建庙，称"盟心堂"。明永乐二十二年（1424 年），黄氏族人在盟心堂左右增建文武庙。自此，龟峰岩由盟心堂、文庙、武庙三庙组成，从西向东依次并峙排开，总建筑面积 580 多平方米。盟心堂、文庙、武庙各供奉不同的神祇，盟心堂神龛内奉祀三世尊佛，配祀观音菩萨、三代祖师、直符使者、伽南菩萨、哪吒太子、地藏王、文殊菩萨、普贤菩萨等；文庙神龛内奉祀孔子、吕祖、朱衣神、魁星爷、北斗九皇星君等五位文昌夫子；武庙供奉关圣帝君及关平、周仓两将军和田都元帅。武庙中有一方非常珍贵的"福"字浮雕石刻，民间艺人从审美视角出发，将九只灵异飞动、神态各异的喜鹊组成圆形"福"字，四角为四季花卉，构成了九喜祝福、四季富贵的吉祥意象，是非常独特的鸟形"福"字。含有福从天降、喜从天降的美好寓意。

◎ 龟峰岩"福"字浮雕石刻

◎ 文昌宫墙上的圆形石雕"福"字　　◎ 荣禄第门簪石刻"福"字

　　现砌在三明市沙县夏茂镇文昌宫墙体上的圆形石雕"福"字，直径约 50 厘米，由祥云构成云龙，再由云龙构成圆形"福"字，也有福运绵绵的吉祥寓意。有人说这是清乾隆皇帝赐给沙县武探花罗英笏的"福"字，这不大可信，乾隆皇帝因罗英笏有功，曾两次书赐"福"字，但从字形结构以及风格来看，砌在文昌宫墙体上圆形石雕"福"字应该是民间艺人创作的。龙岩市永定区下洋镇富川村豪仕寨自然村保留着东南亚著名锡矿大王胡子春故居"荣禄第"，约建于清光绪二十九年（1903 年），大门门楣上的"福""禄"两个石刻门簪，"福"字以祥云纹组成云龙，构成了篆书"福"字，精心设计，刻意雕琢，图饰匀称，形象逼真，栩栩如生，近乎游离腾飞。

　　再来看看福建古代民居中的木雕"福"字。龙是传说中的百鳞之长，凤是传说中的百鸟之王，常用来象征祥瑞。龙凤齐飞是吉祥和谐的象征。宁德市霞浦县溪南镇半月里村清代武举人大厝前院上的木雕"五福临门"，镶嵌在白灰里，左右各两只翩翩起舞的蝙蝠，围绕着中间由卷草纹组成的龙凤戏珠圆形"福"字。畲族传统龙凤图案中龙凤围绕一颗火珠而戏，龙凤戏珠表示繁荣昌盛，寓意吉祥喜气，表达了畲族人对富贵美好生活的向往。霞浦县樟坑大厝内一

◎ 半月里村木雕"五福临门"

◎ 樟坑线刻龙凤"福"字

所宅院木门上的线刻龙凤"福"字,也是由畲族传统龙凤图案组成的,从畲族传统文化来看,崇信龙、凤的遗物遗俗至今仍有留存,特别是以凤鸟崇拜的影响最为深广。这一造型的龙凤"福"字木雕,在盐田瓦窑里等畲族古建筑里也出现过。

清代福建木雕龙凤戏珠"福"字构件与众不同,是龙凤相形,结体为"福"字,中间雕刻一对龙凤,两两相对,左边"示"是一只凤,右边"畐"是一条龙,凤尾与龙头相接戏珠,构成一个圆形草书"福"字。龙凤翱翔云中,有飞黄腾达的意思;龙凤戏珠,有龙凤呈祥呈福寓意;龙凤相逢,又是喜相逢的意思,有祈福纳吉、喜从天降的寓意。龙岩市新罗区适中镇中心村清代谢姓民居振依楼户对上的云龙"福"字,每个部首以及笔画都由龙纹和祥云纹组成,左边升龙,右边蟠龙,造型生动奇特,加上金黄色圆形"福"字在红色的衬托下,

◎ 清代福建木雕龙凤戏珠"福"字构件

◎ 宏琳厝大门上方的木刻龙凤"福"字

◎ 振依楼户对上的云龙"福"字

呈现出一种富丽堂皇之美。圆形"福"字与圆形"寿"字，一左一右，两相对应，安置在振依楼的户对上，寓意阖家团圆、福寿圆满。类似的还有福州市闽清县坂东镇宏琳厝大门上方的木刻龙凤"福"字，也是与龙凤"寿"字相对应的，一左一右。

泉州市安溪蓬莱镇美滨村鹭美李家土楼建于明末清初，有一种窗雕"福"字，左边是升龙，右边是蟠龙，龙身为祥云纹，祥云纹与"福"字又构成"福运"意象，寓意福运绵绵福多多。龙岩市连城县宣和镇培田村明末古建筑上的窗雕"福"字，笔画由升龙和蟠龙以及祥云纹勾勒而成，双龙具有福运冲天的寓意，象征万事兴隆、兴旺昌盛。这个"福"字与"禄""寿"合成"福禄寿"，寓意绵延长久、子孙后代幸福吉祥。三明市清流县赖坊镇赖武村攸叙宅内天井右侧厢房四扇窗户上分别有"吉""祥""和""福"四字雕窗，"福"字雕窗整体以祥龙瑞云为笔画，有祥瑞之意。类似的还有南平市邵武市和平镇和春村清代古建筑窗花云龙"福"字，长90厘米，宽60厘米。三明市清流县赖坊镇赖氏祖庙大门右侧"福"字雕窗造型独特，以写实的手法雕刻龙头，以祥云装饰为龙身，左为升龙，右为蟠龙，升龙与蟠龙构成云龙"福"字，寓意风调雨顺、百姓安康、福运绵绵。"福"字与左侧的"寿"字窗雕相对应。三明市大田县芳联

◎ 鹭美李家土楼窗雕"福"字

◎ 培田村窗雕"福"字

◎ 赖氏祖庙"福"字雕窗

◎ 和春村清代古建筑窗花云龙"福"字　　　　◎ 攸叙宅"福"字雕窗

堡窗花雕也有"福"字"寿"字。

　　在南平市武夷山的下梅、溪洲、曹墩、城村、五夫、岚谷等传统村落里，有许多明清时期遗存下来的建筑，石雕、砖雕、木雕中题材丰富，最吸引人的是"福"字。民间工匠通过精心构思，雕刻创作成形态各异、书画合一的"福"字，用在宅第门楼的装饰中，表达了老百姓一代代坚守的美好愿景。如武夷山清代木雕窗花龙凤"福"字构思奇巧，"福"字的左"示"右"畐"以龙和凤来代替了笔画，再采用圆形构图，寓意是圆圆满满的"福"，结构精美，布局匀称，字画合一，龙凤具有灵动感。而龙凤的完美组合，正是传统文化价值观中"福"的寓意，蕴含着龙凤呈祥寓意的"福"字，凝聚起人们满满的幸福感，给人以赏心悦目的享受，也营造出家居环境中的天伦之乐，堪称一绝。

◎ 武夷山木雕窗花龙凤"福"字

◎ 漆线雕辣椒红龙凤"福"字

　　漆线雕发源于福建泉州，是中国漆艺文化宝库中的艺术瑰宝之一，也是闽南地区独有的传统工艺，堪称艺苑奇葩。福建漆线雕辣椒红龙凤"福"字是一个蟠龙飞凤相向构成的"福"字，龙凤对应结合，嘴对嘴，蟠龙张口旋身，昂首望凤；飞凤展翅翘尾，举目眺龙。龙与凤的身姿显得立体丰满，呈现出一派祥和的气氛，有龙凤呈祥、龙凤合欢的寓意，把夫妻恩爱、男欢女悦的生活表现得淋漓尽致。漆线雕龙凤"福"字线条简洁明朗，洒脱飘逸，形象逼真生动，画面栩栩如生，风格古朴庄重。

　　福建是福地，福地生福气。福建各地古村落中积淀着许多福文化因子，彰显的文史价值和美学价值熠熠生辉，这些都是中华优秀传统文化中不可多得的文化瑰宝，值得人们去加倍珍视，并发扬光大。

八、从福寿全到佛跳墙

　　闽菜中首屈一指者佛跳墙，原名叫福寿全，因原料众多、加工精细、烹调繁复、盛器特殊、菜名富有诗意等诸多因素，一直为食家所钟爱。佛跳墙还作为国宴的第一道主菜，招待过许多外国元首，受到广泛赞誉。2008 年 6 月，"聚春园佛跳墙制作技艺"列入国家级非物质文化遗产名录。

在福州民间，老百姓从古至今都称呼这道传统名菜为"福寿全"，特别是在过大节或寿诞等酒宴的时候，都必备这一道菜品，以祈求福寿双全。从福寿全到佛跳墙，这道美味佳肴经过多次配料和加工方法的变化和改进，更臻完美，其中还有个富有传奇色彩的传说。

清光绪二十五年（1899 年），周莲升任福建布政使，福州官钱局一位官员设家宴，宴请周莲。席间上来一道菜，是用绍兴酒坛装多种海产品和羊肘、火腿、猪蹄筋及鸡、鸭、鸽蛋等十余种名贵原料，加骨汤、黄酒、香料文火煨制而成，取名福寿全，美味可口，让满座宾朋大饱口福，一个个赞不绝口。周莲品尝后就问是什么菜名，该官员说：菜取"吉祥如意、福寿双全"的美意，名为"福寿全"。福州官钱局这位官员的绍兴籍夫人将几十种原料煨于一坛，既有共同的荤味，又能保持各自的特色，各料互为渗透，味中有味，真乃人间极品。

周莲可算得上是个美食家，一边吃一边记下配料和烹调方法。回家以后，便吩咐家厨按其用料，依葫芦画瓢地煨试，经过多次煨试，

◎ 寿山石福寿全五彩摆件

都达不到那次宴请时烹制的效果。于是，周莲带上家厨郑春发特地登门去请教，才学到完整的烹调制作手艺，尤其是用绍兴黄酒坛封口后作炊具进行煨制的绝招。郑春发更是个有心人，他潜心研究，在原料中增添了海参、干贝、鱼翅、鲍鱼和猴头菇、冬笋等山珍海味，使此道菜的味道和身价更拔一筹。

后来，郑春发辞工回家，在福州东街口开设了一家"聚春园"菜馆，将这道菜起名为"福寿全"，表达了福寿双全的吉祥意义，以作招牌菜招徕食客。一时间生意兴隆，食客盈门，许多人专门慕名而来，品尝这美味佳肴。相传，有一群秀才到福州参加乡试，未进考场，先跑到聚春园，围坐桌旁等待"福寿全"上席。店小二捧着坛子过来，临席启开荷叶封口，刚一启封，浓郁的香味扑鼻而来，顿时香溢全席。这时一位秀才闻香诗兴大发，即席吟道："坛启荤香飘四邻，佛闻弃禅跳墙来。"在座的秀才边品尝"福寿全"，边议论纷纷，一致认为应当将此菜取名"佛跳墙"。郑春发一听，这名字好啊，便欣然应允，从此，"佛跳墙"就一传十、十传百地叫开了。

关于"佛跳墙"的来历，又有一说：郑春发烹制的"福寿全"，香

佛聞棄禪跳墻來　壇啟葷香飄四鄰

戊寅夏九十五叟朱棠溪书

◎ 福建书坛代表性人物之一朱棠溪所书佛跳墙对联

◎ 正宗"佛跳墙"

—中国传统的福文化

第十三章　福来福建

气四溢，隔壁寺院的一名高僧闻香口馋，竟然不顾佛门戒律，跳墙而入，在"聚春园"美美地吃了一餐，大饱口福。此事传扬开去，人们戏称"福寿全"为"佛跳墙"，谁知这么一叫，就叫出了名，人们约定俗成，郑春发干脆顺应"潮流"，将"福寿全"正式改名为"佛跳墙"，一直盛名至今。有人推测，福州话"福寿全"与"佛跳墙"的发音相似，久而久之，"福寿全"就被"佛跳墙"取而代之，名扬四海了。

九、让中华福文化走向世界

2012年6月28日，第66届联合国大会宣布，将今后每年的3月20日定为"国际幸福日"。2013年3月20日是首个"国际幸福日"，当天下午，中国首个国际幸福日暨世界福发布会在福州温泉公园举行，旨在通过庆祝首个"国际幸福日"，宣传正确的幸福观，并借

◎ 首届3·20"国际幸福日"暨"世界福"发布会现场的五色福旗

助国际幸福日这一平台弘扬中国传统福文化，促进福建"山海画廊，人间福地"、福州"福山福水，有福之州"的福文化形象塑造。国际幸福日倡导的世界共同幸福理念能够深入人心，福的正能量能够带给人们更多美好的幸福体验。在这次活动现场，五色福旗（福旗谐音寓意福禄寿喜财五种福气）迎风招展，来宾、群众络绎不绝，兴高采烈地走福路、过福门、贴福帖、击福鼓、签福字、拍福照、领福器、授福旗，体验福之旅、感受福之乐、参与福之行、品味福之韵、领悟福之本，精彩纷呈的活动让人切身体味到福文化的博大精深。

2013年6月11日，"世界福"成功搭乘"神舟十号"飞船上天，向世界宣告"中国梦世界福"的理念，实现了古人"洪福齐天"的愿望。同年7月19日，"世界福"搭乘"蛟龙号"出海，践行了古人"福如东海"的祈愿。2015年1月23日，"世界福"随福建登山第一人薛伟等一行人成功登顶南美洲最高峰阿空加瓜峰。2016年5月20日，"世界福"成功登顶世界最高峰——珠穆朗玛峰。

近年来，福建推动"中国·福建文化海外驿站"布局海外，这是福建首创的中国对外文化交流工程，标志着福建打造文化新丝路的步伐已经启动。每逢新春佳节，驿站都会在海外开展写对联、写

◎ 西班牙马德里"共享福文化，新春增百福"活动

"福"字等春节送"福"活动，传播中华传统福文化。

2022 年春节期间，"福星高照，福佑中华"的福文化标识连续三天亮相纽约时代广场大屏幕。2022 年 1 月 30 日，西班牙茶文化协会在西班牙马德里市中心月亮广场举办了一场年味浓浓的"共享福文化，新春增百福"活动。有 50 多位中西文化人士、汉文化爱好者、市民体验了自己亲自书写的"福"字，感受中国福文化。2 月 10 日，第十二届全球海外华文书店中国图书联展暨"遇见福建·新华有约"新春书展在澳大利亚 (悉尼) 新华书店、西班牙华夏文化长廊举行，书展为更多中外友人了解福建各地多彩的福文化提供了良好的契机。

这些在世界范围内举办的各类福文化活动，都表明福文化已经被越来越多的人所认识和接受，也符合各国人民一致的对幸福的心理追求。福文化必将随着时代的发展，展现出更强大的生命力。

中国传统的福文化

第十三章 福来福建